Lust und FRUST in der Provinz

11 Jahre Freie Theaterarbeit

SEE-BURGTHEATER

Neptun Verlag   Leopold Huber

Wir danken der
Heer Druck AG, Sulgen,
für das grosszügige Sponsoring

Bildnachweis: Claudia Berger, Nick Durrer, Mario Gaccioli, Markus Heer, Guido Kasper, Heinz Keller, Konrad Keller, Peter Link, Kurt Peter, Patrick Pfeiffer, Samuel Rötlisberger, Hella Wolff-Seybold, Pia Zanetti.

Quellennachweis: Der Text auf Seite 36 ist ein Substrakt aus Luis Buñuels „Mein letzter Seufzer" Athenäum-Verlag, Königstein 1983.
Die zitierten Zeitungsartikel sind zum Teil gekürzt wiedergegeben.

Redaktionelle Mitarbeit:
Peter Link

Gestaltung:
Dorena Raggenbass Beringer
Kreuzlingen

Titelfoto:
Der Widerspenstigen Zähmung, 2000
Babett Arens und Astrid Keller
(Foto: Patrick Pfeiffer, Konstanz)

Druck:
Heer Druck AG
Grafisches Druckzentrum
CH-8583 Sulgen

Der Nachdruck, auch nur einzelner Teile, ist verboten. Das Urheberrecht und sämtliche weitere Rechte sind dem Verlag und dem Autoren vorbehalten. Übersetzungen, Vervielfältigungen und Verbreitung (Internet usw.) sind ohne die ausdrückliche Genehmigung des Verlages unzulässig und strafbar.
ISBN 3-85820-151-0

©2001 by Neptun Verlag
CH-8280 Kreuzlingen
neptun@bluewin.ch
www.neptunart.ch

Inhalt

5	Prolog
6	Bilderbogen aller Mitarbeiter
13	Sponsoren
15	Vorwort: 11 Jahre See-Burgtheater, was ist das schon…
17	Porträt See-Burgtheater
20	Aufführungen Übersicht
	1990
22	**Biedermann und die Brandstifter** von Max Frisch
	1991
26	**Hin und Her** von Ödön von Horvath
	1992
30	**Die Kleinbürgerhochzeit** von Bertolt Brecht
	1993
34	**In seinem Garten liebt Don Perlimplin Belisa** von Federico Garcia Lorca
	1994
38	**Talisman** von Johann Nestroy
	1995
42	**Der Liebhaber** von Harold Pinter
46	**Leonce und Lena** von Georg Büchner
	1996
52	**Mirandolina** von Carlo Goldoni
	1997
56	**Der Besuch der alten Dame** von Friedrich Dürrenmatt
	1998
64	**Nora oder ein Puppenheim** von Henrik Ibsen
	1999
71	**Grosse Fische kleine Fische** von Philipp Engelmann
78	**Rocky 10** von Jo Eisfeld
	1999
84	**Bürgergeneral** von Johann Wolfgang von Goethe
	2000
92	**Der Widerspenstigen Zähmung** von William Shakespeare
	2001
100	**Tartuffe** von Jean Baptiste Molière
104	In wunderbarer Erinnerung
106	Besetzungsliste

Prolog

"Das Theater ist ein Spiegel, der durch das Land getragen wird."
Stendhal

Es ist mir eine Freude, Ihnen, verehrte theaterinteressierte Leserinnen und Leser, dieses Buch zum elfjährigen Bestehen des See-Burgtheaters ans Herz zu legen.

1990 haben Hans-Ruedi Binswanger und Gregor Vogel als Hauptinitianten einen soliden Grundstein gelegt, auf den Astrid Keller und Leopold Huber ihr und unser See-Burgtheater aufbauen konnten. Heute ist es erwachsen geworden und hat sich mit kontinuierlicher Arbeit etabliert. Wir möchten es nicht mehr missen.

Das vorliegende Buch gibt nur unvollständig wieder, mit welch grenzenlosem Idealismus, kreativem und persönlichem Einsatz, Mut zum Risiko und unerschütterlichem Optimismus der Erfolg erkämpft werden muss. Die Geldbeschaffung war zwar Hauptsorge, aber immer wieder einmal wieherte der Amtsschimmel lautstark.

Der Einsatz hat sich gelohnt und wir alle in der Grenzregion freuen uns an diesem Stück Theatergeschichte. Ein herzliches Dankeschön den Theatermacherinnen und -machern, den Theaterschaffenden für den Spiegel, den sie mit hartnäckiger Begeisterung durch unsere Grenzregion tragen. Der Zuschauerzuspruch beweist, dass die Region ein Theater braucht, das über die Grenzen hinaus wahrgenommen wird.

Ein besonderer Dank gehört den vielen Besucherinnen und Besuchern, die den Theaterschaffenden in den vergangenen elf Jahren begeisterten und begeisternden Applaus gespendet haben, und der öffentlichen Hand, den Fördergremien, den Stiftungen und den Sponsoren aus der Wirtschaft als treue Geldgeber, die zum Weitermachen ermuntert haben. Für die Zukunft bleibt zu hoffen, dass dem See-Burgtheater kräftig weiter spendiert und applaudiert wird, damit sich die Theaterschaffenden auf ihre künstlerische Arbeit konzentrieren können ohne ständige Sorge um die Finanzen.

Dr. iur. Peter B. Lindt
Rechtsanwalt

Mitarbeiterinnen und Mitarbeiter

Pasquale Aleardi
Schauspieler

René Ander-Huber
Schauspieler

Babett Arens
Schauspielerin

Eva Behrmann
Schauspielerin

Gisela Beier
Mitspielerin

Urs Bihler
Schauspieler

Oscar Sales Bingisser
Schauspieler

Hans-Ruedi Binswanger
Schauspieler

Urs Bosshardt
Schauspieler

Florian Brütsch
Musiker

Heinz Bühlmann
Schauspieler

Hans Büchi
Mitspieler

Elisabeth Burisch
Mitpielerin

Kathrin Busch
Schauspielerin

Nisma Cherrat
Schauspielerin

Hanspeter Dommann
Musiker

Gerhard Dorfer
Schauspieler

Doris Dornetshuber
Schauspielerin

Angelika Dörr
Mitspielerin

Jo Eisfeld
Autor und Regisseur

Philipp Engelmann
Autor

Margrit Ensinger
Schauspielerin

Gabi Erler
Schauspielerin

Ulrich Fausten
Schauspieler

Lisbeth Felder
Schauspielerin

Peter Fischli
Schauspieler

Ute Fuchs
Schauspielerin

Inigo Gallo
Schauspieler

Marco Gessner
Mitspieler

Mathias Gnädinger
Schauspieler

Nicole Gut
Musikerin

Peter Haller
Schauspieler

Mitarbeiterinnen und Mitarbeiter

Annelene Hanke
Schauspielerin

Iréne Hartman
Mitspielerin

J. Markus Heer
Bühnenbildner

Charlotte Heinimann
Schauspielerin

Katinka Heise
Schauspielerin

Christine Heiss
Schauspielerin

Vreni Hertzog
Mitarbeiterin

Walter Hess
Schauspieler

Leopold Huber
Leiter, Regisseur

Iris Hug
Mitspielerin

Michael Hutzel
Bühnenbildner

Daniel Kasztura
Schauspieler

Astrid Keller
Schauspielerin

Heinz Keller
Schauspieler

Kristian Krone
Schauspieler

Klaus Lehmann
Schauspieler

Herbert Leiser Schauspieler	Peter Link Mitarbeiter	Andreas Löffel Schauspieler	Susanne Lüpke Mitspielerin

H.P. Mark Mitspieler	Werner Maron Mitspieler	Monica Marquardt Schauspielerin	Marie-Thérèse Mäder Schauspielerin

Vivianne Mösli Schauspielerin	Claudia Müller Kostümbildnerin	Sabine Murer Kostümbildnerin	Graziella Neuweiler Mitspielerin

Iris Ornig Musikerin	Domenico Pecoraio Schauspieler	Alexander Peutz Schauspieler	Lars Prinz Schauspieler

Mitarbeiterinnen und Mitarbeiter

Dorena Raggenbass
PR und Grafik

Astrid Rashed
Schauspielerin

Isabelle Rechsteiner
Schauspielerin

Rosalinde Renn
Schauspielerin

Hermann Ruhr
Schauspieler

Birgitt Ruckstuhl
Mitspielerin

Dominic Rüegg
Musiker

Klaus Henner Russius
Schauspieler

Marco Scandola
Licht

Elmar Schulte
Schauspieler

Roy Schmid-Andrist
Mitspieler

Sibille aus der Schmitten
Schauspielerin

Katharina Schütz
Schauspielerin

Susanne Seuffert
Schauspielerin

Christine Stalder
Mitspielerin

Gisela Stern
Sängerin

Bastian Stoltzenburg
Schauspieler

Alexandra Sydow
Schauspielerin

Marianne Thiel
Schauspielerin

Carlos Trafic
Schauspieler, Regisseur

Konstantin Tsakalidis
Choreograf

Gregor Vogel
Regisseur

Helmut Vogel
Schauspieler

Achim Wehrle
Mitspieler

Vera Wendelstein
Schauspielerin

Christa Wettstein
Schauspielerin

Volker Zöbelin
Musiker

Chantal Beringer
Mitspielerin

Esther Borer
Mitspielerin

Anna Erdin
Mitspielerin

Deborah Gross
Mitspielerin

Mitarbeiterinnen und Mitarbeiter

Maria Huber
Mitspielerin

Silvan Huber
Mitspieler

Valentin Huber
Mitspieler

Katharina Krebitz
Mitspielerin

Lina Melzer
Mitspielerin

Letizia Rüttimann
Mitspielerin

Veronika Rüttimann
Mitspielerin

Anna Wilhelm
Mitspielerin

Sponsoren

Die Aufführungen des See-Burgtheaters haben unterstützt

Lotteriefonds des Kantons Thurgau
Stadt Kreuzlingen
Kulturstiftung des Kantons Thurgau
INTERREG II Euregio-Programm der EU
Schweizer Kulturstiftung Pro Helvetia
MIGROS - Kulturelle Aktionen
Thurgauer Kantonalbank-Jubiläumsfonds
Jubiläums-Stiftung der Schweizerischen Bankgesellschaft
Dr. Heinrich Mezger-Stiftung
Thurgauische Kulturstiftung Ottoberg
Stadt Friedrichshafen
Stadt Konstanz
Gemeinde Altnau
Gemeinde Tägerwilen
Gemeinde Münsterlingen
Gemeinde Bottighofen
Bodensee Schiffsbetriebe BSB
MThB Mittelthurgaubahn
Rutishauser AG Weinkellerei, Scherzingen
Rausch AG, Kreuzlingen
Lawson Mardon Neher AG, Kreuzlingen
Chocolat Bernrain AG, Kreuzlingen
Mowag AG, Kreuzlingen
Strellson AG, Kreuzlingen
Modehaus Femina, Kreuzlingen
Urs Portmann Tabakwaren, Kreuzlingen
Lang AG Fahrzeugcenter, Kreuzlingen
Zentrum zum Bären, Kreuzlingen
Gasthaus Löwen, Kreuzlingen
Mösli Treuhand AG, Kreuzlingen
Buchhandlung litera etcetera, Kreuzlingen
Neuweiler Metallbau AG, Kreuzlingen
Color Oes Fotofachlabor, Kreuzlingen
Junge Wirtschaftskammer Untersee
Fehr AG, Ermatingen
Completa GmbH, Romanshorn
Mercurio Spritzwerk, Altnau
Auktionshaus Karrenbauer, Konstanz
...und viele mehr

Wir bedanken uns ganz herzlich !

11 Jahre See-Burgtheater

"Die Provinz - ist nur im Kopf; und die tiefste im flachsten".
Uwe Dick

was heisst das schon, aber was heisst das doch:

Das heisst, die Kinderkrankeiten sind überstanden.

Das heisst 11 Jahre künstlerische Arbeit mit totalem Einsatz der Kreativität aller Mitarbeiter in allen Bereichen die ein Theater bestimmen.

Das heisst 11 Jahre Heranreifen eines qualitätsbewussten Publikums, wo vorher Wüste war.

Das heisst auch, 11 Jahre stetes Bemühen um die Finanzierbarkeit eines professionellen Theaters im Thurgau.

Das heisst, viele Gesuche schreiben, viel Überzeugungsarbeit bei Institutionen, Stiftungen und Sponsoren leisten.

Das heisst Motivationsarbeit, um gute Leute zu bewegen, für niedrige Gagen in der Provinz zu arbeiten.

Das heisst, mit Schwierigkeiten ausserhalb der künstlerischen Bereiche fertig zu werden, um die Kontinuität des Theaters zu wahren, damit sich Erfahrungen, die in dieser Qualität so hier nicht vorhanden waren, addieren können.

Das heisst, beide Daumen hochhalten für die Zukunft.

Leopold Huber

Gründungssommer 1990 vor der Seeburg
v.l. Angela Binswanger, H.-R.Binswanger, Gregor Vogel, Hermann Ruhr, Astrid Keller

Porträt See-Burgtheater

Leitung
Leopold Huber
Astrid Keller

Gründung
Im Jahr 1990 durch Hans Ruedi Binswanger und Gregor Vogel. Astrid Keller wirkt als Schauspielerin und Leopold Huber als Dramaturg mit.

Name
Nach dem ersten Spielort, der Seeburg im Seeburgpark Kreuzlingen am Bodensee.

Organisationsform
ab 1999 Verein

Die beiden Schauspieler Hans-Ruedi Binswanger und Gregor Vogel gingen nach einer deprimierenden Stadttheater-Probe im Seepark hin und her, um ihren Frust abzulassen. Der philosophische Schauspieler Gregor Vogel entwarf das visionäre Modell eines Theaters, in dem frei und ohne Druck gearbeitet werden sollte, um die Kreativität aller Mitarbeiter zum Blühen zu bringen.
Der Schauspieler Hans-Ruedi Binswanger, gesegnet mit Organisationstalent und Durchsetzungsvermögen, versprach Vogel, die finanziellen Mittel für so ein Theater aufzutreiben, wenn er, Vogel, die künstlerische Leitung übernähme. Mittlerweile waren die beiden Schauspieler bei der Seeburg angekommen und standen bereits vor ihrem ersten Spielort.
Mitarbeiter - im frühen Stadium eher als Mitkämpfer zu bezeichnen - wurden gewonnen, ein Stück ausgesucht und Geldgeber überzeugt. So konnte im folgenden Jahr die erste Sommertheater-Premiere herausgebracht werden.

Zielsetzung
Ziel ist die Etablierung eines professionellen Theaters im Kanton Thurgau mit Ausstrahlung über die Grenzen in der Euregio Bodensee nach Deutschland und Österreich.
Hauptaktivität ist das Freilichttheater im Sommer auf Schloss Girsberg, weitere Projekte finden ganzjährig an aussagestarken Originalschauplätzen statt, (z.B. am Grenzzaun, im Einfamilienhaus, auf dem Schiff) wo sich Realität und Fiktion auf besondere Weise verbinden.

Inhaltliche und ästhetische Ausrichtung
Das See-Burgtheater spricht mit aktuellem kritischen Volkstheater die Menschen in ihrem Lebensbereich an und erobert Zuschauer, die sonst das Theater meiden; im demokratischen Theater sitzt der Apfelbauer neben dem Universitätsprofessor. Was gesagt wird, soll auch verstanden werden.
Das See-Burgtheater ist keiner Ideologie und keinem Formalismus verpflichtet. Es beschäftigt sich mit dem Bild des Menschen in seiner Zeit. Und so lange sich der Mensch ein Bild von sich macht, solange den Menschen das Bild von sich interessiert, wird das Theater lebendig und interessant sein.

Entwicklung

Nach der euphorischen Gründungsphase verlassen 1993/94 Gregor Vogel aus beruflichen und Hans-Ruedi Binswanger aus gesundheitlichen Gründen die Leitung des See-Burgtheaters. Um die Idee des Theaters zu retten, übernehmen Astrid Keller und Leopold Huber die Leitung. Mit zunehmendem Erfolg können in allen Bereichen motivierte und kompetente Mitarbeiter gewonnen und kontinuierlich die Zuschauerzahlen gesteigert werden.

Mit Stückaufträgen (an Philipp Engelmann, Jo Eisfeld) wird das dramatische Schaffen gefördert und dem Publikum die zeitgenössische Dramatik näher gebracht.

1999 wird der Trägerverein See-Burgtheater gegründet. Erste Präsidentin ist Dorena Raggenbass Beringer.

Arbeitsweise

Es versteht sich von selbst, dass Sommertheater genau so seriös in achtwöchiger Probenzeit erarbeitet wird wie Theater in bestehenden Häusern.

Eine geglückte Aufführung zeichnet sich dadurch aus, dass die Mitarbeiter das Gefühl haben, eine gute Arbeit geleistet zu haben, dass die Zuschauer Freude an der Aufführung haben und zahlreich erscheinen, und dass die Arbeitszeit für alle Beteiligten eine harmonische und freudvolle Zeit ist.

Finanzierung

Das See-Burgtheater wird finanziert aus dem Lotteriefonds des Kantons Thurgau, der Stadt Kreuzlingen, von Gemeinden, Stiftungen, Sponsoren aus der Wirtschaft und den Einspielergebnissen. Die Platzausnutzung liegt bei 98 % und das Einspielergebnis deckt 50 % der Produktionskosten.

Resonanz

Publikumsreaktionen, Zuschauerzahlen und Presseberichte zeigen, dass die kulturell ausgedünnte Grenzregion Theater braucht.

Andreas Bauer
Thurgauer Zeitung

Seit 11 Jahren trägt das See-Burgtheater markant zur Belebung der Thurgauer Theaterszene bei. Trotzdem: Das Ehepaar Leopold Huber und Astrid Keller – die Mitbegründer und heutigen Leiter – wollen sich nicht mit grossen Feierlichkeiten aufhalten. Zum Jubiläum wünschen sie sich nicht mehr und nicht weniger als ein Gelingen der diesjährigen Freilichtaufführung auf Schloss Girsberg.

Von Selbstbeweihräucherung halten Astrid Keller und Leopold Huber offensichtlich nicht viel.

Trotzdem soll es gesagt sein: Wenn ein Ensemble ein Jahrzehnt lang den Schnauf hat, kontinuierlich professionelles Theater auf die Bühne zu bringen und jedes Jahr zwischen 4000 und 5000 Besucherinnen und Besucher zu den Freilichtaufführungen zu locken, so ist das keine Selbstverständlichkeit und allemal einen langanhaltenden Applaus wert.

Porträt See-Burgtheater

Astrid Keller und Leopold Huber

Aufführungen

1990 Biedermann und die Brandstifter
von Max Frisch
Regie: Gregor Vogel
Seeburg

1991 Hin und Her
von Ödön von Horvath
Regie: Gregor Vogel
am Grenzzaun CH/BRD

1992 Die Kleinbürgerhochzeit
von Bertolt Brecht
Regie: Gregor Vogel
Seeburg

1993 In seinem Garten liebt Don Perlimplin Belisa
von Federico García Lorca
Regie: Joseph Arnold
Schlosshof Girsberg

1994 Talisman
von Johann Nestroy
Bearbeitung und Regie: Leopold Huber
Schlosshof Girsberg

1995 Der Liebhaber
von Harold Pinter
Bearbeitung und Regie: Carlos Trafic
in einem Einfamilienhaus in Tägerwilen

1995 Leonce und Lena
von Georg Büchner
Regie: Leopold Huber
Schlosswald Girsberg

1996 Mirandolina
von Carlo Goldoni
Bearbeitung und Regie: Leopold Huber
Schlosshof Girsberg

Der Besuch der alten Dame
von Friedrich Dürrenmatt
Bearbeitung und Regie: Leopold Huber
Bahnstation MThB, gesamtes Areal Girsberg

1998 ### NORA oder Ein Puppenheim
von Henrik Ibsen
Bearbeitung und Regie: Leopold Huber
Puppenmuseum Schloss Girsberg

1999 ### Grosse Fische kleine Fische
von Philipp Engelmann
Regie und Stückentwicklung: Leopold Huber
Uraufführung auf dem Bodenseeschiff MS Graf Zeppelin

1999 ### Rocky 10
von Jo Eisfeld
Regie: Jo Eisfeld
Uraufführung auf dem Bodenseeschiff MS Graf Zeppelin

1999 ### Bürgergeneral
von Johann Wolfgang von Goethe
Regie und Bearbeitung: Leopold Huber
Schweizer Erstaufführung im Schlosshof Girsberg

2000 ### Der Widerspenstigen Zähmung
von William Shakespeare
Regie und Bearbeitung: Leopold Huber
Schloss Girsberg in italienischem Ambiente

2001 ### Tartuffe
von Jean Baptist Molière
Regie und Bearbeitung: Leopold Huber
Schlossgarten Girsberg

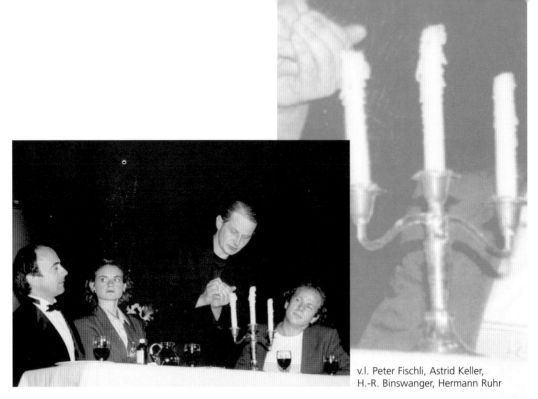

v.l. Peter Fischli, Astrid Keller, H.-R. Binswanger, Hermann Ruhr

v.l. Astrid Keller, H.-R. Binswanger, Hermann Ruhr, Peter Fischli, Astrid Rashed

1990
Biedermann und die Brandstifter
von Max Frisch

Max Frisch
Biedermann
und die Brandstifter

Freilichtaufführung
in der Seeburg Kreuzlingen
Premiere 3. August 1990

Regie
Gregor Vogel

Seeburg

2000 Zuschauer
sehen 22 Aufführungen

Ein Feuerwehrauto, das im Stadtpark um die Seeburg langsam, vielleicht auf ein Feuer hoffend, seine Kreise zog, war die Anregung für die Aufführung "Biedermann".

Das Stück
Die Stadt, in der Herr Biedermann mit Frau und Dienstmädchen lebt, wird von einer Reihe von Brandstiftungen heimgesucht. Biedermann gibt den Brandstiftern Quartier, er bewirtet und hofiert sie in der Hoffnung, dass er selbst und sein Haus verschont bleibe. Unfähig, aus seiner Ängstlichkeit auszubrechen und den gefährlichen Umständen ins Auge zu schauen, gibt Herr Biedermann den Brandstiftern die Zündhölzer selbst in die Hand, mit denen sie sein Haus und seine Welt anzünden.

> "Der die Verwandlungen scheut mehr als das Unheil,
> was kann er tun wider das Unheil?"
> *Chor*

Max Frisch nennt sein Stück, 1958 in Zürich uraufgeführt, ein *"Lehrstück ohne Lehre"*.

„Sind wir alle "Brandstifter", nur um die Sicherung unseres Reichtums bemüht, der uns dazu bringt, unseren Untergang selbst zu inszenieren? Bezogen auf die Umwelt, ihre Vergiftung und Zerstörung, die Sorglosigkeit, mit der wir damit umgehen und so die "Zündhölzer" schon lange in der Hand halten, gewinnt das Stück von Frisch eine neue, erschreckende Dimension."
Luise Jochims, Thurgauer Zeitung

„Biedermann ist Jedermann. Frisch illustriert hier die Unbelehrbarkeit des Menschen, denn die allegorischen Vorgänge auf der Bühne haben in der Geschichte ihre realen Vorbilder: Nationalsozialismus, Stalinismus..."
Siegmund Kopitzki, Bodensee Hefte

Ensemble

Dieter Kief
Stuttgarter Zeitung 6.8.1990

"Geistige Sommerfrische in der Seeburg"

Das Team um Regisseur Vogel und Biedermann-Darsteller Binswanger hat mit einer im guten Sinne bodenständigen Aufführung den Nerv des Premierenpublikums getroffen. Aber der lebhafte Applaus galt sicher nicht allein der Inszenierung, sondern auch dem ganzen Konzept. Die Wartezeit bis zum Beginn wurde von den Seeburg-Musikanten mit Blasmusik verkürzt, da rückte leibhaftig die Feuerwehr an. Eine riesige Fontäne richtete sich gegen den blauen Himmel - dann drehte sie sich sanft in Richtung der Zuschauerschaft, und ein feiner Sprühregen sorgte für Verblüffung und leichte Abkühlung und den ersten Beifall. Nach dieser ironischen Introduktion behielt weiterhin die Feuerwehr die Oberhand.

Gottlieb Biedermann lebt die Schizophrenie eines rührseligen Spießers und beinharten Geschäftsmannes. Nett zu seiner Frau, kaltschnäuzig zur Hausangestellten, rücksichtslos gierig gegenüber seinem Mitarbeiter Knechtling. Locker behauptet Gottlieb diese Fassade des geschäftigen Unternehmers.

Doch der Zuschauer weiß es bereits besser. Denn von Anfang an stellt Frisch auch die gemütstriefende Seite dieser Figur auf die Bühne. Gottlieb hat von einem Ringer Besuch bekommen. Der ist, was Gottlieb gerne wäre: selbstbewußt und stark. Hermann Ruhr spielt diesen einnehmenden Kraftmenschen mit sehr viel Charme und federnder Körperlichkeit. Man sieht, was Gottlieb an diesem Kerl mag.

Max Frisch 1911-1991
Der Sohn eines Architekten arbeitet nach Gymnasium und kurzem Germanistikstudium in Zürich als Journalist und bald auch als Schriftsteller. Er studierte Architektur und eröffnete, weiterhin auch literarisch tätig bleibend, ein eigenes Architekturbüro in Zürich. In die Zeit seiner ersten dramatischen Versuche *(Nun singen sie wieder, 1945; Santa Cruz, 1946; Die chinesische Mauer, 1946; Als der Krieg zu Ende war, 1949)* fallen sein Besuch im zerstörten Nachkriegsdeutschland und seine Bekanntschaft mit P. Suhrkamp und B. Brecht. In den fünziger Jahren setzte sich Frisch auf den deutschsprachigen Bühnen durch *(Graf Öderland, 1951, Don Juan oder die Liebe zur Geometrie, 1953, Andorra, 1961)* wurde auch als Prosaautor bekannt *(Stiller, 1954, Homo faber, 1957)* und erhielt verschiedene Preise (Büchner-Preis 1958).

Die Brandstifter schrieb Max Frisch 1958.

Biedermann und die Brandstifter

Dann kommt der konziliante Kellner Willi Eisenring (Peter Fischli). Der Kellner und der Ringer kennen sich. Die geübten Schnorrer wissen, wie man sich einschmeichelt. Bald gehören sie bei Biedermanns dazu. Sämtliche Abwehrstrategien versagen.

Gottlieb ist ganz einfach hingerissen, ja er ist geradezu besoffen von den vitalen Verkörperungen seiner Spießer-Sehnsüchte. Die immer stärkeren Hinweise darauf, daß es sich bei dem Duo um Brandstifter handelt, spielen da längst keine Rolle mehr. Wenn Schmitz und Eisenring vor dem nachtblauen Firmament an ihr Benzinfaß gelehnt hoch über den Köpfen der Zuschauer "Lilli Marlen" pfeifen, haben sie ihr perfides Spielchen gewonnen. Die Regie stellt das in einer der schönsten Szenen vor.

Die von Frisch scharf gezeichnete Rolle der Fabrikantenfrau läßt für Babette Biedermann nicht viel Handlungsspielraum. Die wichtigsten Entscheidungen trifft der Mann, sie repräsentiert, darf das Dienstmädchen (Astrid Rashed) anweisen. Astrid Keller bringt in dieser Rolle vor allem vornehme Beherrschung und deren andere Seite: eine stete untergründighysterische Anspannung, zum Ausdruck.

Ruedi Binswanger in der Rolle des Ehemannes kommandiert, explodiert, ist beherrscht von der Wärme des Spießers. Die Aufführung fordert ihm auch konditionell einiges ab, er bewältigt das mit Bravour.

Der See dient dem Bühnenbild, das Bühnenbild dem Stück und das Stück schließlich der Unterhaltung der Zuschauer, kurzum: die Provinz am See strömte nur so vor einem Behagen, wie es, intelligent und solide, eigentlich nur ihr wirklich zugehört. Von Brecht stammt die Bemerkung, daß das Volk nicht tümlich sei. In Kreuzlingen ist das live zu erleben.

am Grenzzaun: Bastian Stoltzenburg, Peter Haller, H.-R. Binswanger, Astrid Keller

H.-R. Binswanger, Peter Haller

1991
Hin und Her
von Ödön von Horvath

Ödön von Horvath
Hin und Her

Eine Posse...
am Grenzzaun Kreuzlingen/Konstanz
Premiere 23. August 1991
Eine Aufführung des Seeburgtheaters

Regie
Gregor Vogel

Textbearbeitung
Leopold Huber

am Grenzzaun
CH/BRD

2200 Zuschauer
sehen 18 Aufführungen

Vom „Biedermann"-Erfolg bestärkt, entwickelt das See-Burgtheater-Team ein weiteres Projekt. Die 1933 geschriebene, in Zürich uraufgeführte (in Deutschland waren Horvaths Stücke bereits verboten) und seither kaum noch gespielte Posse "Hin und Her" soll am originalen Grenzzaun Kreuzlingen (CH) – Konstanz (BRD) gespielt werden. Der Zaun sollte im Dritten Reich die Juden an der Flucht hindern und in neuerer Zeit die sogenannte "Asylantenflut" abhalten.

> *"Wohin man geboren ist, dorthin ist man zuständig"*
> Grenzorgan Szamek

Die Aufführung ist gedacht als ironischer Beitrag zu den 700 Jahr-Feiern der Schweiz, eine jener Feiern mit vaterländischer Besinnung, bei denen man sich so gern selbst auf die Schulter schlägt und eidgenössisch einigelt.

Das Stück
Ein Mensch, staatenlos, an der Grenze hin und her geschoben, landet im Niemandsland. Havlicek, so heisst der Mensch, hat mit seiner Drogerie der schlechten Zeiten wegen Konkurs gemacht. Als geburtsmässiger Ausländer wird er ausgewiesen. Das Land seiner Geburt aber, das ihm fremd ist, nimmt ihn nicht auf. Die Grenzorgane schicken ihn nun hin und her; dabei begegnet er Liebespaaren, falschen Nonnen, echten Gangstern, zerstrittenen Eheleuten und den Regierungschefs der beiden Länder, die sich über die Öffnung der Grenze nicht einigen können. Havlicek würde im Niemandsland verhungern, wenn sich nicht die konkursreife Postwirtin Frau Hanusch seiner annähme. Gemeinsam fangen sie eine Geldwäscherbande. Von der Ergreiferprämie können sie sich eine neue Existenz aufbauen. Happy End.

Der Zaunkrieg
Durch die Theateraufführung, einen Artikel im "Spiegel", wird die Diskussion um den "Judenzaun", jetzt "Asylantenzaun" angefacht. Stadt- und Gemeinderäte diesseits und jenseits der Grenze tagen. Das Schandmal sei sofort abzureissen, wettern die einen. Pflanzt eine lebendige Hecke oder stellt eine Reihe Kunstwerke auf, verlangen die anderen. Und eine Leserbriefschreiberin fordert im Thurgauer

Hermann Ruhr

Volksfreund: "Um Gottes Willen, lasst ja den Grenzzaun stehen. Man sollte ihn wieder unter Strom stellen oder aber wieder mit Stacheldraht bestücken!"
Tatsache ist, dass der Zaun, der die zusammengewachsenen Städt Kreuzlingen und Konstanz trennt, noch immer steht und neu gestrichen wurde.

Ödön (Edmund) von Horvath 1901-1938
Sohn eines ungarischen Diplomaten. Die Familie zieht oft um, der junge Ödön wechselt viermal die Unterrichtssprache.
Theaterstücke u.a.: *Die Bergbahn (1927), Geschichten aus dem Wiener Wald (1930), Glaube Liebe Hoffnung (1932), Kasimir und Karoline (1933).*
Romane: *Der ewige Spiesser (1930), Jugend ohne Gott (1936), Ein Kind unserer Zeit (1937).*
Hin und Her schreibt er 1933. Dabei verwendet er eigene Erfahrungen.
In Deutschland und Österreich ist er dem Naziterror ausgesetzt, seine Stücke werden verboten. Er will nach Amerika auswandern. In Paris wird er 1938 von dem herabfallenden Ast einer alten Kastanie erschlagen. Es gibt keine Zeugen.

v.l. Leopold Huber, H.-R. Binswanger und Gregor Vogel vor dem versperrten Grenztor

Markus Schär
Tagesanzeiger Zürich 26.08.91

Ein einmaliges Bühnenbild enthüllen die beiden Grenzer Szamek und Konstantin, wenn sie den schwarzen Vorhang zurückziehen: den Grenzzaun. Und ein einzigartiges Ensemble sehen die Zuschauer in diesem Moment erstmals: die andere Hälfte des Publikums auf der gegenüberliegenden Tribüne, was denn auch an der Premiere zu Szenenapplaus und fröhlichem Winken durch den Maschendraht führte. Um die realistische Szenerie kümmert sich die Kantonspolizei, deren Boot in Ufernähe vorbeigleitet, und auch für die Lacher braucht Regisseur Gregor Vogel nicht zu sorgen, wenn etwa der eine Zöllner über den Hag hinweg schimpft: *"Wie oft haben die uns schon verraten in den letzten siebenhundert Jahren?! Ein schmutziges Volk!"*

Die Aufführung des "Seeburgtheaters", einer freien Gruppe von Profis aus dem Grenzraum, lebt aber nicht nur vom Gag, dass der Staatenlose Ferdinand Havlicek (Hans-Ruedi Binswanger) tatsächlich von einem Land ins andere hin- und hergeschoben wird. Der Filmer Leopold Huber ("Mirakel"), der Horváths Stück wiederentdeckt und bearbeitet hat, zeigt auf, dass der Autor auch Gedanken zu anderen Grenzen in seinen hintersinnigen Sätzen versteckt: jener zwischen den Geschlechtern oder jener zwischen den Generationen, aber auch zur letzten Grenze, dem Tod. So möchte das Ensemble auch anderen Dramaturgen die Augen öffnen, das Stück wieder zu spielen. Einen idealeren Schauplatz allerdings dürfte niemand finden.

...und auch das noch

Das Ringen um den Spielort "Grenzzaun" entwickelt sich zu einer Posse in der Posse. Bei Bekanntwerden des Vorhabens beginnt prompt der Amtsschimmel zu wiehern.
Die Eidgenössische Zollverwaltung Schaffhausen schreibt im Februar 1991:
"Einer Zeitungspublikation haben wir entnommen, dass das See-Burgtheater Kreuzlingen im Sommer 1991 eine Freilichtaufführung am Grenzzaun plant. Wir können nicht beurteilen, ob Sie diesen Gedanken ernsthaft weiterverfolgen oder ob es sich um eine Wunschvorstellung der Organisatoren handelt. Um Klarheit zu schaffen, möchten wir Ihnen rechtzeitig und unmissverständlich mitteilen, dass wir einem solchen Vorhaben aus zolldienstlichen und grenzpolizeilichen Gründen nicht zustimmen würden... Mit freundlichen Grüssen".

Und die deutsche Seite, das Hauptzollamt Konstanz, wenig später:
"Das vorgestellte Theaterprojekt berührt allerdings ganz wesentliche Belange der deutschen Zollverwaltung. Nach deutschem Zollrecht dürfen Konstruktionen im 50m-Streifen vor der Zollgrenze nur mit Zustimmung der Zollverwaltung errichtet werden. Die Zustimmung kann versagt werden, wenn die Sicherheit der Zollbelange gefährdet würde, z.B. wenn sich bessere Flucht- oder Versteckmöglichkeiten ergeben oder die Beobachtungsmöglichkeiten der Grenzbeamten oder deren Bewegung unmittelbar erschwert wird. Dies ist nach der vorgestellten Konzeption unzweifelhaft der Fall. Es ist deshalb nicht zu erwarten, dass das Hauptzollamt Konstanz einem entsprechenden Antrag zustimmen würde...
Mit freundlichen Grüssen."

Der theaterinteressierte Kreuzlinger Anwalt und damalige Kantonsrat Peter Lindt nahm sich der Sache an, er beschwichtigte die Zollbehörden, dass sie die Posse keineswegs lächerlich mache, sandte Briefe an die Hüter des Zauns auf beiden Seiten und schickte gar eine parteiübergreifende parlamentarische Delegation mit FDP-Nationalrat Ernst Mühlemann und SP-Ständerat Thomas Onken ins politische Niemandsland. Und so bekam das Hin und Her schliesslich ein Happy End; die Grenzbehörden bewiesen Aufgeschlossenheit: „Den Mehraufwand des Grenzschutzes betrachten Sie bitte als stille Subvention", schrieb der Oberzolldirektor.

oben v.l. Daniel Kasztura, Vera Wendelstein, Kristian Krone, Lilly Friedrich
unten v.l. Simone Sterr, Bastian Stoltzenburg, Stefanie von Mende, H.-R. Binswanger, Astrid Keller, Urs Bosshardt, Gregor Vogel

1992
Die Kleinbürgerhochzeit
von Bertolt Brecht

Bertolt Brecht
Die Kleinbürgerhochzeit

Freilichtaufführung
in der Seeburg Kreuzlingen
Premiere 31. Juli 1992

Eine Aufführung des Seeburgtheaters

Regie
Gregor Vogel

Seeburg

2300 Zuschauer sehen
16 Aufführungen

"Man schaut doch den Leuten nicht in den Schrank".

Nach dem Abenteuer am Grenzzaun kehrt das Ensemble in die Seeburg zurück, die beliebte Traumkulisse für Hochzeitsfeste.

Das Stück
Brecht begann 1918 mit dem Stück *"Baal"*, 1919 folgten 5 Einakter, darunter *"Die Kleinbürgerhochzeit"*, eine fröhliche Mischung aus Valentinade und Slapstick, Menschenbosheit und Menschenliebe.

Der Brautvater hat den hartnäckigen Hang, vergilbte Geschichten vorzutragen, die keiner hören will. Die Braut heuchelt Stolz auf die selbst gezimmerten Möbel ihres Bräutigams, der eifersüchtig ist auf seinen Freund, der sich als Gitarren-Casanova aufführt. Die Freundin der Braut ist eine bösartige und schadenfrohe Hexe, die genüsslich die Schwangerschaft der Braut verrät und sich über jedes zusammenkrachende Eigenbau-Möbel tierisch freut. Die Freundin ist keine Freundin und der Freund ist kein Freund. Aber es besteht kein Anlass, voller Mitleid dem Beginn dieser Ehe zuzuschauen, denn über Braut und Bräutigam erlaubt uns Brecht nicht die leiseste Illusion. Wozu auch? Es ist eine Kleinbürgerhochzeit; die acht Hochzeitsgäste sind hier weder schlechter noch besser, als auf ähnlichen Festivitäten derselben sozialen Schicht. Der Alkoholpegel steigt, das Niveau sinkt und die Hochzeit endet mit einem allgemeinen Streit; die Gäste gehen, das Paar lacht über die verpfuschte Feier und stürzt gemeinsam ins Bett, das unter ihnen zusammenkracht.

Brecht bedient sich, das ist unverkennbar, der Filmtricks der grossen amerikanischen Komiker aus der Frühzeit des Films: Chaplin, Buster Keaton, Harold Lloyd. Eine Farce im Stil jener Komik, die nicht das feinsinnige Schmunzeln bewirkt, sondern das tolle Gelächter.

Die Theaterzuschauer werden wie geladene Gäste behandelt, mit Vorspiel, Speis und Trank traktiert, mit ihrem Spiegelbild konfrontiert.

Regine Klett
Thurgauer Volksfreund

„Wenn die Traumhochzeit zum Alptraum wird".
Wieder einmal trifft das Seeburg-Theater sozusagen den Nagel auf den Kopf. Mit seiner diesjährigen Produktion "Die Kleinbürgerhochzeit" von Bertolt Brecht geht es der Gesellschaft ans Gemüt. Da wird so ganz beiläufig entlarvt, was nicht nur den "Kleinbürgern" heilig ist: die Heuchelei der Familienfeste im Allgemeinen und der Hochzeitsfeier im Besonderen. In der Regie von Gregor Vogel hat das Ensemble aus dem schwierigen Dialogstück eine flotte Posse gemacht, deren Situationskomik zielgenau die Erbärmlichkeit des zwischenmenschlichen Alltags blosslegt. Die "Kleinbürgerhochzeit" wird aufgeführt im Hof der Seeburg, dort wo so viele junge Paare gern ihr Hochzeitsfest feiern.

Da ist der Brautvater (Daniel Kasztura), der den Gästen unentwegt seine unappetitlichen und schlecht erzählten Geschichten aufdrängt, da ist die Mutter des Bräutigams (Lilly Friedrich), die ihrem Sohn ständig Anweisungen gibt, als wäre er drei Jahre alt. Da sind Braut (Vera Wendelstein) und Bräutigam (Kristian Krone), die weder mit sich, noch mit den Gästen oder der Feier so richtig fertig werden, da ist die naiv-dümmliche Schwester der Braut (Stefanie von Mende), die mit dem linkischen jungen Mann (Bastian Stoltzenburg) anbandelt, und als Kontrast dazu die raffiniert-boshafte Frau (Astrid Keller, recht lasziv) mit ihrem meist schweigend leidenden Mann (Hans-Ruedi Binswanger) und schliesslich der Freund des Bräutigams (Urs Bosshardt), der jede Situation mit Gewalt und originellen Einfällen retten will. Hass, Neid, Missgunst und die ganzen alltäglichen Gemeinheiten setzen sich durch, und so wie sich im Verlauf des Stückes die gesamte selbstgebaute Möbelpracht nach und nach in einen Haufen Sperrmüll verwandelt, wird die Traumhochzeit zum Alptraum. Es ist eine bösartige, ja zynische Groteske, die vordergründig zum Lachen reizt, doch das Lachen immer wieder gefrieren lässt – ähnliche Situationen sind schliesslich jedem irgendwie bekannt. Dieses Beklemmende bringt das Ensemble des Seeburg-Theaters hervorragend zum Ausdruck, und überspielt es gleichzeitig mit einer turbulenten Fröhlichkeit. Insgesamt – wenn man das etwas mühsame "Vorspiel" mit den Video-Übertragungen mal abzieht, ein Theater-Abend, wie er so recht in eine laue Sommernacht am See passt, und schliesslich sind wir ja alle keine "Kleinbürger".

Schaffhauser Nachrichten, 22.8.92

„Ein Spiegel der Gesellschaft"
Das Kreuzlinger Seeburgtheater, unter anderem mit der Schaffhauserin Astrid Keller, feierte mit Bertolt Brechts Jugendstück "Die Kleinbürgerhochzeit" einen derart grossen Publikumserfolg, dass für nächste Woche drei zusätzliche Aufführungen angesagt wurden.
Die schauspielerischen Leistungen vermögen, gerade im sommerlichen Quervergleich zu den zahlreichen Laienaufführungen, höheren Ansprüchen zu genügen, wobei hier Vera Wendelstein als Braut, Daniel Kasztura als deren Vater und Astrid Keller als "die Frau" speziell hervorgehoben seien. Und dass Hans-Ruedi Binswanger ganz hervorragend zu leiden versteht, ist kein Geheimnis... Vor allem aber weiss das neunköpfige Team als Ganzes zu überzeugen, und es ist dem Kanton Thurgau und der Stadt Kreuzlingen hoch anzurechnen, dass sie diesen Versuch, professionell Sommertheater zu spielen, auch diesmal grosszügig unterstützt haben. Es ist zu hoffen, dass es gelingt, das erfolgreiche Experiment in einen definitiven Zustand "hinüberzufinanzieren".

Maria Schorpp
Südkurier, 4. August 1992

„Tragisch und komisch"
Wozu ist ein Stück wie "Die Kleinbürgerhochzeit" von Bertolt Brecht gut, das zeigt, was wir alle schon gesehen haben, und erzählt, was wir alle längst wissen? Oder ist uns etwa nicht bekannt, dass der Schein der bürgerlichen Moral (oft) trügt und dass die Ehe als Erfindung solcher Sittsamkeit (zumeist) all das nicht ist, was sie verspricht? Wir wissen es also. Aber nützt es uns etwas? Nein.

Und weil das so ist, kann man sich bei Brechts schauerlichem Hochzeitsdrama selbst zuschauen und fragen, warum das alles so ist, wie es ist. Warum wir von Liebe sprechen und Macht , Anerkennung und Sex meinen. Warum wir im Wort die Sitten hochhalten, in der Tat jedoch uns das alles einen Dreck schert.

Das Seeburgtheater Kreuzlingen schickte sich in seiner diesjährigen Sommer- und Freiluftinszenierung an, die ewige Wiederkehr des gleichen Bürgerdramas aufzuführen. Wie eine tödliche Gefahr schwebt etwas Undefinierbares über der Gesellschaft. Astrid Keller und H.R. Binswanger als frustriertes Ehepaar sind die zwei, die die Spannungen kanalisieren.

Die Kleinbürgerhochzeit

v.l. Bastian Stoltzenburg, H.-R. Binswanger, Stefanie von Mende, Lilly Friedrich, Kristian Krone, Vera Wendelstein, Daniel Kasztura, Astrid Keller, Urs Bosshardt

Bertolt Brecht 1898-1956
Brecht stammt aus einer angesehenen bürgerlichen Familie in Augsburg, der Vater war kaufmännischer Direktor in einer namhaften Papierfabrik. Nach Beendigung seiner Schulausbildung begann Brecht in München ein Medizinstudium.
Im letzten Kriegsjahr wurde er 1918 in Augsburg in einem Lazarett eingesetzt. Aus dem dort Erlebten resultierte die spätere radikalpazifistische Haltung Brechts. Schon in Augsburg begann Brecht zu schreiben; zunächst nur Gedichte und kulturjournalistische Berichte für Tageszeitungen. 1918 entstand der balladenhafte Lebenslauf *Baal*, ein expressiv-anarchistisches Stück, in dem B. schon seinen antibürgerlichen Affekt provokant ausformulierte.
Mit Mitte zwanzig gehörte er schon zu den bekannten Erscheinungen der jungen Literatengeneration. 1924 schaffte er den Sprung nach Berlin, wo er gemeinsam mit Carl Zuckmayer Dramaturg am Deutschen Theater (Direktor: Max Reinhardt) wurde.
Den durchschlagenden Erfolg brachte dann die Uraufführung der Dreigroschenoper, 1928.
Weitere Stücke folgten, wie: *Der Jasager–Der Neinsager, 1930, Die Maßnahme, 1930, Die heilige Johanna der Schlachthöfe, 1929-31.*
Am Tag des Reichtagsbrandes (28.2.1933) verließ Brecht Deutschland. Emigration mit Stationen Schweiz, Dänemark, Schweden, Finnland und Vereinigte Staaten. Es enstanden die Hauptwerke: *Leben des Galilei, Mutter Courage und ihre Kinder, Herr Puntila und sein Knecht Matti, Der kaukasische Kreidekreis, Der gute Mensch von Sezuan.*
1948 kehrt er wieder nach Deutschland zurück und lebt mit seiner Frau Helene Weigel in Ost-Berlin.

Kobolde:
Bastian Stoltzenburg, Stefanie von Mende

1993
In seinem Garten liebt Don Perlimplin Belisa von Federico García Lorca

Belisa:	Don Perlimplin:
"Zwischen meinen geschlossenen Schenkeln schwimmt die Sonne, der Fisch"	*"Mein Durst wird nie gelöscht Wie nie der Durst gelöscht wird jener Masken Die Wasser in den Brunnen speien"*

Federico García Lorca
»In seinem Garten liebt Don Perlimplin Belisa«

Freilichtaufführung
auf Schloss Girsberg Kreuzlingen
Premiere 30. Juli 1993
Eine Aufführung des Seeburgtheaters

Inszenierung
Joseph Arnold

Im Garten von
Schloss Girsberg

Das Stück
Lorca schreibt 1931: "Don Perlimplin ist der Entwurf zu einem grossen Drama. Don Perlimplin ist der in der ganzen Welt am wenigsten gehörnte Mann. Seine schlafende Imagination prallt mit der schrecklichen Begierde seiner Frau zusammen, aber im Grunde ist er es, der allen Frauen Hörner aufsetzt. Was mich an Don Perlimplin so besonders reizt, ist der Kontrast zwischen Lyrischem und Groteskem, die jederzeit miteinander verschmelzen können".

... auch das noch
Gregor Vogel verlässt das See-Burgtheater und nimmt ein Engagement im Staatstheater Hannover als Schauspieler an. Das See-Burgtheater verlässt die Seeburg – Restaurantbetrieb und Theaterproben sind nicht mehr unter einen Hut zu kriegen – und nimmt die Einladung von Kurt und Jolanda Schmid-Andrist an, auf Schloss Girsberg zu spielen; ein idealer Ort für Lorcas erotischen Bilderbogen.

Die Regie übernimmt Joseph Arnold, der in Zürich die freie Theatergruppe "Coprinus" aufgebaut hat. Christian Zwinggi schlägt als Bühnenbild 20 Tonnen Gestein zu säulenförmigen Klangsteinen.

Federico García Lorca 1898-1936
1898 in Granada geboren. Der Vater ist Grossgrundbesitzer, die Mutter Lehrerin. Nach der Schulausbildung beginnt er als Sechzehnjähriger das Studium an der Universität Granada (Juristische und Philosophische Fakultät). 1915 erste Kompositionen und Gedichte. 1920 Uraufführung von *El Maleficio de la Mariposa*, seinem ersten Bühnenstück. Unterricht in Komposition, Klavier und Gitarre. 1929 die Uraufführung von *Amor de Don Perlimplin con Belisa en su jardin* (In seinem Garten liebt Don Perlimplin Belisa) Das Stück wird durch die Zensur der Militärregierung verboten. 1936 wird er von den Faschisten der Guardia Civil ermordet.
Seine bekanntesten Stücke: *Dona Rosita la soltera*, 1935, *Yerma*, 1934, *La casa de Bernarda Alba*, 1934-36, *Bodas de Sangre* (Bluthochzeit), 1933.

Luis Buñuel über Federico García Lorca

„Federico war geistreich und charmant, sichtlich um Eleganz bemüht, mit untadeligen Krawatten, umwölkt und blitzend sein Blick. Seiner magnetischen Anziehungskraft konnte niemand widerstehen. Er war zwei Jahre älter als ich, Sohn reicher Grundbesitzer und eigentlich nach Madrid gekommen, um Philosophie zu studieren, er schwänzte aber schon bald seine Vorlesungen, um sich ins literarische Leben zu stürzen. Bald kannte er jeden, und jeder kannte ihn. Sein Zimmer in der Residenz wurde zum beliebtesten Treffpunkt von Madrid.

Unsere Freundschaft, eine tiefe Freundschaft, begann, als wir einander zum erstenmal begegneten.

Einmal verkündete mir Dalí ganz begeistert, Lorca habe ein großartiges Stück geschrieben: "In seinem Garten liebt Don Perlimplin Belisa."

"Er muß es Dir unbedingt vorlesen."

Lorca beginnt mit der Lesung. Ich habe schon gesagt, er konnte wundervoll vorlesen. Dennoch mißfiel mir etwas an dieser Geschichte von einem Greis und einem jungen Mädchen, die sich am Ende des ersten Aktes in einem Himmelbett wiederfinden, dessen Vorhänge sich schließen, während aus dem Souffleurkasten ein Zwerg kommt und sich mit den Worten ans Publikum wendet

"Nun, verehrtes Publikum, so kommen Don Perlimplin und Belisa..."

Ich fahre dazwischen, schlage auf den Tisch und sage:

"Nun reicht's aber, Federico, das ist Scheiße!"

Er wird bleich, klappt sein Manuskript zu und blickt zu Dalí, der mit seiner tiefen Stimme bestätigt:

"Buñuel hat recht. Es una mierda."

Kurz vor "Ein andalusischer Hund" hatte ein unerheblicher Streit uns für eine Weile getrennt. Als empfindlicher Andalusier glaubte er dann - oder behauptete er wenigstens -, der Film richte sich gegen ihn. Er sagte:

"Buñuel hat einen so kleinen" - mit den Fingern zeigte er, einen wie kleinen - "Film gemacht. Er heißt Ein andalusischer Hund, und der Hund bin ich."

1934 waren wir wieder gänzlich versöhnt. Auch wenn ich zuweilen fand, daß er sich von der großen Schar seiner Bewunderer zu sehr einwickeln ließ.

Vier Tage vor Francos Landung entschloß sich Lorca, der sich nie für Politik hatte begeistern können, ganz plötzlich, nach Hause, nach Granada, zu fahren. Ich versuchte ihm das auszureden und sagte:

"Federico, grauenhafte Dinge bereiten sich vor. Bleib hier. Hier in Madrid bist du noch am ehesten in Sicherheit."

Auch andere Freunde versuchten ihn zurückzuhalten, aber vergeblich. Ganz nervös und verstört fuhr er ab.

Die Nachricht von seinem Tod war ein schrecklicher Schock für uns.

Von allen Lebewesen, denen ich begegnet bin, steht Federico für mich am höchsten. Ich spreche nicht von seinen Stücken und seinen Gedichten, ich spreche von ihm. Er selbst war das Meisterwerk. Es fällt mir schwer, mir jemanden vorzustellen, der ihm vergleichbar wäre. Ob er sich ans Klavier setzte, um Chopin zu imitieren, ob er eine Pantomime improvisierte oder eine kurze Thea-

In seinem Garten liebt Don Perlimplin Belisa

terszene, er war immer unwiderstehlich. Was er auch vorlas, immer kam Schönheit über seine Lippen. Er besaß Leidenschaft, Lebenslust, Jugend. Er war wie eine Flamme.
Seine sterblichen Reste sind nie gefunden worden. Über seinen Tod hat es alle möglichen Legenden gegeben, und Dalí hat gemeinerweise sogar von einem homosexuellen Verbrechen geredet, was völlig absurd ist. In Wahrheit starb Federico, weil er ein Dichter war. Damals hörte man von der anderen Seite den Schrei: "Tod der Intelligenz!"
Federico hatte große Angst vor dem Leiden und vor dem Tod. Ich kann mir vorstellen, was er empfunden haben muß - mitten in der Nacht, auf einem Lastwagen, der ihn zu dem Olivenhain fuhr, wo man ihn niedergemacht hat.
Der Gedanke daran läßt mich nicht los."

Luise Jochims
Thurgauer-Zeitung, 2.8.1993

„Besonderer Reiz in einer phantastischen Kulisse"

Die Inszenierung muss vor dem Hintergrund der fragmentarischen Vorlage Lorcas gesehen werden, in die Joseph Arnold seine eigenen Erweiterungen und Ergänzungen hineingearbeitet hat. Sehr wesentlich ist die Einbeziehung des Hofes und des grossen Gartens, in dem die Schauspielerinnen und Schauspieler agieren, ohne "schützende Kulissen", was hohe Anforderungen stellt. Es entsteht ein beachtenswertes Spannungsverhältnis von Natur, Architektur und Kultur, indem insbesondere Walter Hess und Lilly Friedrich ihre Rollen spielerisch frei und überzeugend entfalten.
Insgesamt bieten Schlosshof und Garten mit den Säulen als "Bühnenbild", eine im wahrsten Sinne des Wortes phantastische Kulisse, die dieser Aufführung einen besonderen Reiz verleiht.

Markus Schär
General-Anzeiger, 4.8.93

„Ein Traum, der auf der Zeit schwimmt"

"Der Traum schwimmt auf der Zeit dahin": Das Zitat von Federico García Lorca charakterisiert auch das Stück, aus dem es stammt. Eigentlich geht es um Leben und Tod, wenn der gealterte Don Perlimplin (Walter Hess) die junge, schöne Belisa (Vera Wendelstein) zur Frau nimmt und zum Schluss angeblich einen jugendlichen Nebenbuhler ersticht. Und doch mag sich der Ernst der grossen Tragödie nicht einstellen.
Dafür sorgt einerseits die Dienerin Marcolfa (Lilly Friedrich) mit ihren Einsichten zu den Männern, den Frauen und der Ehe, wie: "Das Weib ist zahm – wenn man es beizeiten zähmt." Und die märchenhafte Atmosphäre schaffen vor allem die beiden Kobolde, verkörpert von Bastian Stoltzenburg und Stefanie von Mende: Sie kommentieren das Stück mit frivolen Spässen, verwandeln sich in Pfauen, Hunde oder Esel und huschen wie Irrwische über die Bühnenfläche. Dazu bringen sie mit ihren Kasperlifiguren eine Attraktion des Schauplatzes ins Spiel: das Puppenmuseum auf Schloss Girsberg. Zwar führt die Mittelthurgau-Bahn an der Liegenschaft vorbei, dennoch entsteht im Hof des Schlosses, innerhalb der Stellen des Bühnenbildes von Christian Zwinggi, aus denen sich auch die Theatermusik herausklöppeln lässt, die Traumstimmung von García Lorcas Stück.

v.l. Stefanie von Mende, Walter Hess, Joseph Arnold, Lilly Friedrich, Vera Wendelstein, Bastian Stoltzenburg, H.-R. Binswanger

Katharina Schütz, H.-R. Binswanger, Astrid Keller

Annelene Hanke, Pasquale Aleardi

1994
Talisman
von Johann Nepomuk Nestroy

Johann Nestroy
»Talisman«

Freilichtaufführung
auf Schloss Girsberg Kreuzlingen
Premiere 29. Juli 1994 – 20.30 Uhr
Eine Aufführung des Seeburgtheaters

Regie und Bearbeitung
Leopold Huber

Schloss Girsberg

2500 Zuschauer besuchen 16 Aufführungen

Die gute Spielerfahrung des letzten Jahres veranlasst das See-Burgtheater Team, erneut Schloss Girsberg als Spielort zu wählen. Leopold Huber sorgt erstmals für die Inszenierung und übernimmt mit Astrid Keller die Theaterleitung. Für die Musik sorgt Dominik Rüegg mit seiner Rockband. Die Couplets und Gesangseinlagen, die das Stück durchziehen, werden entbiedermeiert und kommen im Gewand von Blues, Rock und Rap daher.

> "Das Vorurteil ist eine Mauer von der sich noch alle Köpfe, die gegen sie angerannt sind, mit blutigen Köpfen zurückgezogen haben".
> *Titus Feuerfuchs*

Das Stück
Ein Mann schläft sich hoch. Titus Feuerfuchs ist der prototypische Aussenseiter, der Fremde, verachtet wegen seiner roten Haare. Arbeitslos bewirbt er sich auf dem Schloss um Arbeit und wird weggeschafft. Erst als er in den Besitz einer schwarzen Perücke kommt, macht er Karriere über die Frauen, zuerst bei der Gärtnerin im Parterre, dann bei der Sekretärin der Gutsherrin im ersten Stock, schliesslich bei der Gutsherrin selbst im obersten Stock des Schlosses. Die Rücksichtslosigkeit, mit der er seine Karriere betreibt schafft Feinde, die schliesslich den Perückenschwindel aufdecken. Titus wird weggejagt und schliesslich zurückgeholt, als sein Erbonkel aus Amerika auftaucht. Auf einem Universalerben wären rote Haare erträglich. Aber Titus tut sich mit der ebenfalls rothaarigen Putzfrau Salome zusammen, sie wollen viele rotköpfige Kinder haben, damit deren Anblick nicht mehr so fremd ist.

"*Talisman*" ist Nestroys vollkommenstes Werk, die Komödienhandlung wird selbst zur Aussage. Die roten Haare stehen für das Fremdsein, für Vorurteile jeder Art gegenüber Schwarzen, Türken, Kommunisten, grünen Marsmännchen. Und die Schlossgesellschaft steht für ein Land, das sich wohlig eingerichtet hat und nichts anderes herein- oder zulassen will.
Titus kommt in das reiche Land, nur mit einem Armeleutekoffer, ein Flüchtling."
Kurt Peter, Thurgauer Volksfreund

STECKBRIEF 1842: *Nestroy, Johann, sehr lang, lockiges, etwas graues Haar, greller Schauspieler, desto glücklicherer Coupletsänger, fruchtbarer und beliebter Possenspieler, trefflicher Zeichner gemeiner Charaktere, schreit entsetzlich, treibt sich in Kneipen herum, und zwar nicht immer der Studien wegen; auf ihm lastet der Vorwurf, den Theaterdirektor Carl reich gemacht zu haben; in der Ehe veränderlich, seine jetzige Geliebte, Dem. Weiler, ist in dem schändlichsten Renomée.*

Kathrin Busch, Urs Bosshardt, Leopold Huber bei der Probenarbeit

Brecht und Horvath beziehen sich in ihren Theaterarbeiten immer wieder auf Nestroy. Und Friedrich Dürrenmatt, ein Fan des Wiener Volkstheaters schreibt in den Anmerkungen zu *"Der Besuch der alten Dame"*: *"Man inszeniere mich auf die Richtung von Volksstücken hin, behandle mich als eine Art bewussten Nestroy, und man wird am weitesten kommen."*

Johann Nestroy 1801-1862

In Wien geboren, aus einer angesehenen Wiener Beamtenfamilie stammend, entscheidet er sich noch während des Jurastudiums für die Bühne. Er war Opernsänger, Schauspieler, Stückeschreiber (83 an der Zahl) und Theaterdirektor. Seine versteckte Angriffskunst eignete er sich an, um seine Stücke durch die Zensur zu bringen. Wegen "unerlaubtem Extemporieren" wurde er zweimal verhaftet. Seine bekanntesten Werke: *Zu ebener Erde und erster Stock*, 1835, *Der Talismann*, 1840, *Das Mädel aus der Vorstadt*, 1841, *Einen Jux will er sich machen*, 1842, *Der Zerrissene*, 1844.
1862 stirbt Nestroy in Graz.

Christian Seiler
Die Weltwoche, 4. August 1994

„Feuerfuchs mit schwarzer Perücke"

Zuerst ein Wirbel: Auf dem Schlosshof rottet sich der Mob zusammen und verdrischt eine Putzfrau. Dann fährt knatternd und viel zu schnell ein Traktor vor, bremst sich im fein gestreuten Kies, der die Bühne ist, ein, und sorgt für das erste Gelächter: Johann Nestroy ist im Thurgau angekommen. Vor der Fassade von Schloss Girsberg bei Kreuzlingen spielt das Seeburg Theater den "Talisman", Nestroys Posse mit Gesang aus dem Jahr 1840.

Stahlrohrtribünen im Abendlicht, ein Orchesterwinkel für eine leidlich laute Rock-´n´-Roll-Band, der Regionalzug, der vernehmlich vorbeirauscht, eine echte Baronin im Premierepublikum – das urwienerische Stück "Der Talisman" findet mitten in der Schweizer Gegenwart statt. Leopold Huber, ansässiger Autor und Regisseur mit österreichischen Wurzeln ("Die Heimsuchung"), hat die Geschichte mit Bedacht gewählt und bearbeitet: Mit Spott und Hingabe erzählt er von der unglaublichen Karriere des rotköpfigen Titus Feuerfuchs, eines arbeitslosen Gesellen, der auf dem Schloss um Arbeit vorsprechen will.

Feuerfuchs ist der prototypische Aussenseiter: Er trägt das Stigma seines roten Schädels, wird von aller Welt verachtet und getriezt (nicht schwer zu erraten, welches aktuelle Zeitproblem er verkörpert). Erst als Feuerfuchs in den Besitz einer schwarzen Perücke kommt, wendet sich das Blatt. Sein hübsches Gesicht und seine charakterliche Flexibilität bescheren ihm überzeugenden Erfolg bei den Frauen –

Talismann

zuerst bei der Gärtnerin, dann bei der Sekretärin der Gutsherrin, schliesslich bei der Gutsherrin selbst. Feuerfuchs betreibt seine Karriere hormongesteuert und bringt, wie es denn sein muss, das gesamte Gefüge des Gutshofs durcheinander, bis der Schwindel schliesslich auffliegt und das versöhnliche Happy-End Appetit auf die Bratwürste machen darf, die gleich nebenan auf dem Grill liegen. "Der Talisman" des Seeburg Theaters ist gelungen, weil Leopold Huber begriffen hat, wie er mit den Nestroyschen Derbheiten (die Karl Kraus als "Bomben in Watte verpackt" bezeichnete) umgehen muss. Er transponiert Zeitprobleme, spottet in der Tradition von Nestroy über Yuppies, Machos und Erbschleicher, hebt das im Original wienerische Stück in eine durchzogene Hochsprache, die genauso Platz hat für österreichische "Fetzenschädel" wie für gutschweizerische "roti Grinde" und "Tubel" und sowieso für die Extemporations- und Gesangsfähigkeiten seiner Schauspieler, allen voran des vitalen Hauptdarstellers Pasquale Aleardi. Denn zwischen den Volkstheaterszenen (deren einziger Nachteil ist, dass sie tatsächlich so sind, wie man sich Volkstheater vorstellt) bricht die Musik aus – das, was Nestroy noch als Couplet bezeichnete, um sich im Text mit den Machthabern seiner Zeit anzulegen. Über solider Rockmusik (Musik Dominik Rüegg) entfalten sich dann Songs zur Schweiz, laut (die echte Baronin im Publikum musste sich die Ohren zuhalten) und kräftig, vielleicht etwas vorhersehbar in der politisch-korrekten Ausrichtung, jedenfalls aber witzig und brauchbar, um das Volkstheater zweittauglich herzurichten, und das ist mit einigem Wirbel geschehen.

Ensemble mit „Tante Alexa" in der Mitte

Pasquale Aleardi, Kathrin Busch

Astrid Keller und H.-R. Binswanger

1995
Der Liebhaber
von Harold Pinter

Harold Pinter
»Der Liebhaber«

im Einfamilienhaus
Guetstrasse 6 – CH-8274 Tägerwilen
Premiere 13. Januar 1995 – 20.00 Uhr

Eine Aufführung des Seeburgtheaters

Regie
Carlos Trafic

In einem Einfamilienhaus in Tägerwilen

1000 Zuschauer sehen 17 Vorstellungen

Stellen Sie sich vor, Sie wollten ins Theater und kämen an ein Einfamilienhaus, nett, gepflegt und unverdächtig. Es könnte Ihres sein oder jenes Ihres Nachbarn. Sie läuten an der Haustür und die Hausfrau, die gerade beim Staubsaugen ist, bittet Sie herein, heisst Sie auf dem Sofa Platz zu nehmen und offeriert Ihnen einen Kaffee. Dann kommt der Hausherr heim und Sie werfen einen Blick hinter dieses Hauswesen, hinter diese Ehe, deren Abgründe Ihnen vielleicht gar nicht so unbekannt sind. Solches geschieht in Tägerwilen. Der Erfinder Wolfgang Ernst stellt dem See-Burgtheater für die Inszenierung sein Einfamilienhaus zur Verfügung und reisst, um das Zuschauerwohnzimmer zu vergrössern, eine Wand heraus.

Das Stück
Ein Tag wie jeder andere. Das Ehepaar Richard und Sarah beim Frühstück. Bevor er aus dem Haus geht, fragt er, ob ihr Liebhaber heute komme. Ja, sagt sie ganz alltäglich und fragt zurück, ob er zu seiner Hure gehe. Es scheint, dass dieser Zustand für beide akzeptierte Gewohnheit geworden ist. Dabei handelt es sich um Rollenspiele, mit denen das Paar die Langeweile in der Ehe vertreiben will. Als Liebhaber und Hure spielen sie sich ihre erotischen Phantasien vor, ihr eigenes Sexvideo. Schliesslich verschwimmen die Grenzen von Spiel und Realität, von "Ich" und "Rolle". Richard wird eifersüchtig auf den Liebhaber, den er ja selber spielt, und löst wüst das Spiel auf.

> Poem:
> The day of our
>   best Feelings
> The flies were shouting
>   Shit!
> And despite we were
>   shouting Rain!
> They were eating us
>   sweet and gentle
>   *Carlos Trafic Bs.As.*

... auch das noch
Schön, dass Carlos Trafic als Regisseur gewonnen werden konnte. Als in den 70er Jahren das Theater seine Freiheit entdeckte erfand Carlos Trafic, der „Performance-Künstler, die moderne „One-manshow". Er spielte an den bekanntesten Theatern rund um die Welt.
Schön auch, dass in Tägerwilen die Widerstände im Gemeinderat gegen das Theater ausgeräumt werden konnten, da nach den Buchstaben der Verordnung *„in der Wohnzone prinzipiell jegliche gewerbliche Nutzung – was auch auf eine Theateraufführung zutrifft – untersagt ist"*.
Der Kunstverstand im Gemeinderat siegt, die Behörde erteilt flexibel eine einmalige Ausnahmeaufführungsbewilligung.

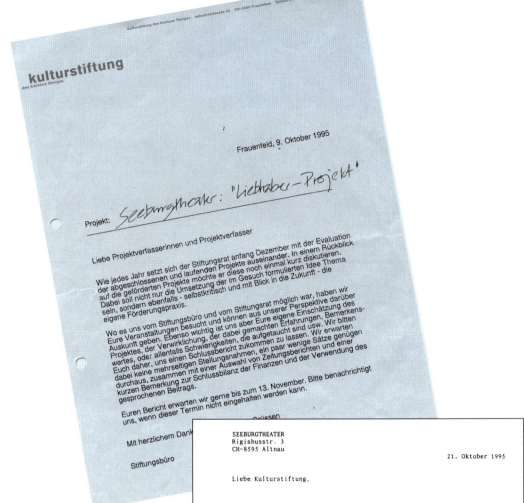

Schriftverkehr mit Geldgebern

Für jede Theaterproduktion schreibt der Projektverfasser an die 40 Gesuche. Die positiven Bescheide, begleitet von den existenzentscheidenden Geldüberweisungen ermutigen das Team, theatralisch das Beste zu geben.

Der Liebhaber

Maria Schorpp
Uni-Info, Konstanz, Dez. 1994

„Spiel im Wohnzimmer"

Die Zeit Anfang der 60er Jahre, als Harold Pinter sein Stück "Der Liebhaber" schrieb, hatte in puncto Prüderie und Verlogenheit in Liebesdingen zweifellos Ähnlichkeit mit heutigen Tendenzen. Da ist zum einen das reaktionäre Gedankengut, das wieder Urstände feiert, da ist zum anderen die zunehmende Verklemmung, die die Furcht vor Aids zum Anlaß nimmt, sich wieder in die Köpfe der Menschen zu schleichen. Grund genug für das Kreuzlinger "Seeburgtheater", sich für seine erste Winterproduktion dieses Stückes anzunehmen.
Der ehrbare Anschein der bürgerlichen Mittelklasse zerplatzt, wenn der Blick frei wird ins Wohnzimmer der beiden. Dort nämlich spielen sich Richard und Sarah erotische Phantasien vor. Sie ist erst unschuldiges Mädchen, dann Hure, schließlich verheiratete Frau, die ihren Mann betrügt. Er hat zunächst die Rolle des brutalen Anmachers, dann die des Gentleman und Verführers. Im Spiel versuchen sie, der Öde ihres frustrierenden Ehealltags zu entkommen. Schließlich können beide Rolle und Wirklichkeit nicht mehr unterscheiden.
Regisseur Carlos Trafic lässt viel heutige Realität in seine Inszenierung hinein, nicht zuletzt durch den Spielort.

v.l. Albert Bahmann, Carlos Trafic, Astrid Keller, M.A. Alexander, Wolfgang Ernst, Vreni Hertzog, H.-R. Binswanger, Silvio Lütscher

Stephan Scheurer
Thurgauer Tagblatt, 14.2.95

„Liebhaber gegen Frust mit Lust"

Unter der Regie von Carlos Trafic und der dramaturgischen Leitung von Leopold Huber ist es dem Seeburg-Theater gelungen, das Publikum zu packen. In einem Feuerwerk an Seitenhieben auf die Gesellschaft von hier und heute begeistern die beiden Hauptdarsteller mit eindringlicher Schauspielkunst zwischen trivialem Lustspiel und Drama. Der Besuch des Liebhabers, im Zwischenspiel bizarr überhöht bis zur hysterischen Ekstase als kabarettistische Parodie zelebriert, nimmt die Flut stereotyper Sexfilme bis hin zur aktuellen Sado-Maso-Welle auf die Schippe. Das Publikum goutierte das böse Spiel mit kräftigem Applaus. Schliesslich konnte beim Verlassen der Szenerie und auf der Heimreise die Gewissheit Platz greifen, dass sich das Geschehen eindeutig im Haus des Nachbarn abgespielt haben musste.

Harold Pinter 1930
Pinter wuchs im proletarisch geprägten Londoner East End auf. Die in vielen seiner Stücke dargestellte und thematisch variierte Angst und Bedrohung könnten Reflexe seiner jugendlichen Erfahrung als Aussenseiter sein, die er als Sohn jüdischer Eltern gemacht hat. Nachdem er 1948 ein Stipendium für die „Royal Academy of Dramatic Art" bekommen hat, das er nicht voll ausschöpfte, arbeitet er seit 1950 in wechselnden Engagements als Sprecher beim Rundfunk und als Schauspieler bei Wandertheatern und Provinzbühnen.
H.Pinter gehört heute zu den meistgespielten und bekanntesten der zeitgenössischen englischen Dramatiker.

Weitere Werke; *Die Geburtstagsfeier,1958, Der Hausmeister, 1960, Der Lieberhaber, 1963, Die Heimkehr, 1965, Betrogen, 1978*

H.-R. Binswanger, Astrid Keller

H.-R. Binswanger, Volker Zöbelin, Susanne Seuffert

Ute Fuchs und Astrid Keller

1995
Leonce und Lena
von Georg Büchner

Georg Büchner
»Leonce und Lena«

Freilichtaufführung
auf Schloss Girsberg Kreuzlingen
21. Juli–20. August 1995 – 20.30 Uhr
Eine Aufführung des Seeburgtheaters

Regie
Leopold Huber

Schlosswald Girsberg

2560 Menschen sehen
20 Vorstellungen

Eine Vorstellung wird abgesagt wegen Dauerregens, eine Vorstellung wird abgebrochen wegen einsetzendem Regen.

Mit J. Markus Heer (Bühne), Claudia Müller (Kostüme) und Marco Scandola (Licht) gewinnt das Theater künstlerisch und technisch versierte Mitarbeiter. Ein Freilichttheater verlangt Flexibilität, Erfindungsreichtum und Improvisationstalent im Herbeischaffen von Spielmaterial: das Theater wird jedes Jahr vom ersten Nagel, Nadelstich und Stromkabel an aufgebaut und muss Wind und Wetter standhalten.
Die Zuwächse, die Engagements von kompetenten Mitarbeitern erlauben, sind nicht auf Subventionserhöhungen zurückzuführen, sondern auf das stetige Ansteigen der Besucherzahlen und somit des Einspielergebnisses.

Das Stück
Prinz Leonce hat keine Lust, Nachfolger seines Vater und Herrscher im Reich Popo zu werden; und er hat noch weniger Lust, die ihm unbekannte Prinzessin Lena vom Reich Pipi zu heiraten. Also flieht er mit seinem Spassgesellen Valerio in die Wälder. Dort läuft er Lena in die Arme, die vor der Verheiratung mit dem ihr unbekannten Leonce geflohen ist. Beide verlieben sich ineinander. Um dem Staatsrat eines auszuwischen, lassen sie sich maskiert trauen. Der Staatsrat ist zufrieden. Alles ist so gekommen wie geplant.

Leonce und Lena wollen sich aus den erstarrten Konventionen lösen und werden doch davon eingeholt. Ihr Protest besteht in der Verweigerung: der Verweigerung erwachsen zu werden, Verantwortung zu übernehmen, es ihren Eltern gleich zu tun. Politikverdrossen ziehen sie sich ins Private zurück. "*Das Gelächter, so wenigstens höre ich es, entsteht aus der Inversion des Engagements*", sagt Max Frisch.

"*Leonce und Lena*", poetisches Lustspiel, philosophische Komödie, hat Büchner 1836 für ein Preisausschreiben des Stuttgarter Cotta-Verlages geschrieben. Natürlich bekam Büchner keinen Preis und das Werk wurde erst posthum veröffentlicht.
Bei der Entstehung ist Shakespeare Pate gestanden mit seinem "*Sommernachtstraum*" und Clemens Brentano mit "*Ponce de Leon*".

Schauplatz

Das gesamte Schlossareal Girsberg wird zum Theater. Der dreiteiligen Komödienform entsprechend werden drei Schauplätze bespielt:

1) Die verknöcherte, lebensfeindliche Herrschaft manifestiert sich repräsentativ im Schlosshof. Das Puppenmuseum ist der Ort für Büchners Puppenmenschen.
2) Der Ausbruch, das Erotische, das Wilde, das Sexuelle, das Dionysische findet im Wald hinter dem Schloss statt.
3) Nach der Rückkehr aus dem Wald findet die Staatsheirat offiziell vor der strengen Schlossfassade statt, die das Bild für das Einfrieren des Lebens in die Konventionen stellt.

Die Zuschauer folgen willig den Schauspielern durch das Schlossareal zu den verschiedenen Schauplätzen.

J. Markus Heer baut in der Schreinerwerkstatt KUBUS in Frauenfeld eine flexible Tribüne, die alle Zuschauerformationen zulässt, wie Arena, Block, Halbkreis, sogar Zickzack.

Volker Zöbelin – Musiker, Bandleader, Plattenproduzent – arbeitet erstmals und nicht das letzte Mal für das See-Burgtheater. Er begleitet die Zuschauer von Spielort zu Spielort als blinder Ziehharmonikaspieler, geführt von einem Kind. Von der melancholischen Ballade bis zum frechen Satisfaction-Tanz hat Zöbelin alles in den Fingern.

Puppenmuseum: Astrid Keller, Ute Fuchs

Ulrich Fausten, H.-R. Binswanger

Erika Achermann
Tages Anzeiger, 24. Juli 1995

„Spiel weiter, Valerio!"
Büchner auf dem Lande.
Besser hätte man sich die Kulisse für "Leonce und Lena" gar nicht ausdenken können. Die wirkliche Schlossherrin von Girsberg wird vom Regisseur zusammen mit ihren Hofdamen zu Beginn des Spiels auf ihre Zuschauersitze geleitet. Büchners blonder Prinz Leonce, der trotzig sich dem Erwachsenwerden verweigert, "sändelet" vor der Fassade des Schlosses. Das grosse Tor des Puppenmuseums (ein Nebengebäude) öffnet sich: Lena vom Reiche Pipi sitzt im strahlenden Glanz unzähliger beleuchteter Puppen, selber ein trauriges Püppchen wie Coppelia. Die Hofschranzen mühen sich mit ihren unnatürlich eingeübten Bewegungen – "plié à gauche, plié a droite" – über den natürlich unebenen Rasen im Schlosshof.

Das Künstliche und die Natur
König Peter vom Reiche Popo (Peter Fürer), Leonces grämlicher Vater, betritt die Szene über die Schlosstreppe. Geschwind muss er noch ein wichtiges Geschäft erledigen. Applaus des Staatsrates. Stolz des Königs. Dann tragen sie ihn in der Sänfte herunter, damit er den Topf mit seinen "Werken" über die Untertanen ergiesse. Entsetzensschreie im Publikum. Umsonst die Sorge: Wunderbarerweise haben sich die braunen Würstchen aus Peters Popo in Golddukaten verwandelt.

Heiter und todtraurig zugleich ist das Spiel der beiden Königskinder, die den Konventionen ihrer Eltern entfliehen wollen. In den (Ardenner) Wald flüchtet Leonce vor der verordneten Heirat mit Lena und

Leonce und Lena

Lena vor der verordneten Heirat mit Leonce. Im Nachthemd irren die Königskinder wie Gespenster durch die laue Sommernacht. (Auch den Mücken gefällt dies; das Mitbringen von Insektenspray sei dem Publikum empfohlen.)
Ein Sommernachtstraum im Girsberger Wald.

Maria Schorpp
Südkurier, 26. Juli 1995

Der Prinz hockt im Sandkasten, der König residiert auf dem Klo und der Staatsrat ist eine blökende Schafsherde. So geht´s zu im Königreich Popo. Die Inszenierung des Seeburgtheaters von Georg Büchners "Leonce und Lena" auf Schloß Girsberg erfüllt nicht nur die Erwartungen. Sie übertrifft sie noch bei weitem und zwar nicht so sehr damit, was sie zeigt, sondern wie sie es zeigt.

Regisseur Leopold Huber hat nämlich Büchners Komödie ernstgenommen und präsentiert sie zünftig dem Publikum unter freiem Himmel. Er hat den direkten Blick, der keine Umschweife braucht.

Deshalb bietet König Peter von Popo als Einführung den Allerwertesten und das ist lustig. Peter Fürer gestaltet diesen Philosophenkönig aus eigenen Gnaden im Laufe der Aufführung zu einer formidablen Hauptrolle. (Fortsetzung S.50)

... auch das noch
Ein Politiker ist im Theater zuerst ein Mensch, der ins Theater geht. Als amtierender Regierungsrat, Stadtammann, Gemeindeammann sieht dieser Mensch, wie die für Kultur gesprochene Subvention zum Wohle des Publikums verwendet wird. Das ist gut so und durchaus nachahmenswert.

KANTON THURGAU
Der Chef des Departementes für Erziehung und Kultur

17. August 1995

Seeburgtheater Kreuzlingen
Herrn Leopold Huber
Rigishus
8595 Altnau

Sehr geehrter Herr Huber

Gestern abend habe ich zusammen mit meiner Frau und meinem Sohn an der Freilichtaufführung von "Leonce und Lena" teilgenommen. Es ist mir ein Bedürfnis, Ihnen und allen Schauspielerinnen und Schauspielern zu dieser hervorragenden Theaterleistung zu gratulieren. Einmal mehr durfte ich mich überzeugen, dass das Seeburgtheater mit seiner Sommerproduktion einen grossartigen Beitrag für das kulturelle Leben im Kanton Thurgau leistet.

Mit freundlichen Grüssen

Dr. H. Bürgi

Tel. 072-71 61 11
Fax 072-72 45 96

Stadt Kreuzlingen
Stadtammannamt

Herrn
Hans-Ruedi Binswanger
Kirchstrasse 6
8274 Gottlieben

Ihr Zeichen   Unser Zeichen Bi/ba/rb   8280 Kreuzlingen, 01.02.1995

Förderungs-Preis 1994
an das Seeburgtheater Kreuzlingen

Sehr geehrter Herr Binswanger

Der Stadtrat hat mit grosser Befriedigung von der Auszeichnung des Seeburgtheaters von der Jubiläumsstiftung der Schweizerischen Bankgesellschaft Kenntnis genommen. Wir gratulieren Ihnen zu dieser verdienten Anerkennung ganz herzlich und wünschen Ihnen und Ihrem Ensemble weiterhin viel Erfolg.

Wir danken Ihnen auch für die erneute positive Erwähnung des Seeburgtheaters Kreuzlingen.

Mit freundlichen Grüssen
STADTAMMANNAMT KREUZLINGEN
Der Stadtammann

Josef Bieri

Leonce und Lena

(Fortsetzung v.S.49)
Maria Schorpp

Nur halb soviel wert wäre er freilich, wenn er seinen Staatsrat nicht hätte. Carlos Trafic ist als tölpelhaft-übereifriger Hof- und Schulmeister schlichtweg umwerfend, Gabriele Erler als Präsident steht ihm um nichts nach. Susanne Lüpke und Stefanie von Mende sind köstlich absurd, wenn sie um den König herumschwarwenzeln. Und schließlich beweist Roy Schmid, der Sohn des Hauses Girsberg, dass er mittlerweile nicht nur an Körpergröße gewonnen hat.

Gegen solch überwältigende Possen müssen Hans-Ruedi Binswanger und Astrid Keller, Leonce und Lena, ihr vermaledeites, sinnentleertes und spaßloses Königskinder-Dasein setzen. Leonce und Lena, das ist die Turnschuhgeneration, das Schuhwerk lässt keinen Zweifel (vielsagende Kostüme von Claudia Müller). Im Wald also treffen sich Prinz und Prinzessin mit Null Bock, vor allem auf's Erwachsenwerden.

Volker Zöblein verpasst mit seiner begleitenden Ziehharmonikamusik dem Identitätswirrwarr feine Ironie, wobei er sich griffsicher auch in der Musiktruhe bedient hat. Ute Fuchs als lila angehauchte Gouvernante und Ulrich Fausten als verluderter Sandkasten-Freund geben zu verstehen, dass eventuelle Ähnlichkeiten mit derzeit lebenden Personen nicht zufällig wären.

So konnte sich – von Susanne Seuffert als Rosetta und Silvan/Valentin Huber als Junge vervollständigt – ein Ensemble mit großer Freiheit in Laune spielen und sie ans Publikum weitergeben.

Georg Büchner 1813-1837
kam 1813 bei Darmstadt als Sohn eines Arztes zur Welt und studierte die Naturwissenschaften. Als aktiver Revolutionär floh er, steckbrieflich gesucht 1835 nach Strassburg. 1836 wurde Büchner in Zürich Privatdozent für Anatomie an der Universität. 1837, im Alter von 24 Jahren, starb Büchner an Typhus. Er hinterliess zu seinen Lebzeiten nie gespielte Stücke wie *Dantons Tod*, *Woyzeck* und die unvollendet gebliebene Erzählung *Lenz*. *Leonce und Lena* enstand 1836. Büchner übersetzte zudem Werke von Victor Hugo. Nur einem Zufall ist es zu verdanken, dass Büchners Meisterwerke aufgefunden wurden.

Schloss Girsberg

über dem Bodensee zwischen Kreuzlingen und Tägerwilen gelegen, inmitten von Obstgärten, war die Heimat des legendären Erfinders Ferdinand Graf von Zeppelin. Das im Pächterhaus untergebrachte Puppenmuseum zeigt seltene Exponate von Automaten und Spielzeug, sowie das originale Arbeitszimmer des Grafen.

v.l. Baronin Marie Antoinette von Massenbach, Baron Georg Sylvius von Massenbach, Kurt Schmid-Andrist, Kurt Peter, Schloßseniorin Maria Schmid, Roy Alexander Schmid-Andrist, Jolanda Schmid-Andrist

Der Spielort Girsberg steht und fällt mit Jolanda und Kurt Schmid-Andrist, den Schlossbesitzern. Die theaterbegeisterte Schlossfamilie stellt dem Theater ihren Privatgrund, das Schloss, die Räume, das Areal zur Verfügung und bewirtet die Theatergäste. Drei Monate im Jahr ist es mit der Ruhe für die Girsbergbewohner vorbei. Zu nachtschlafender Zeit etwa von Scheinwerfern aus dem Schlaf gerissen zu werden, nimmt man in Kauf.

Um das Theatergeschehen zu fördern, wurde 1999 der Verein „Schlosstheater Girsberg" gegründet, dessen Präsident Marco Laubscher ist.

Klaus Lehmann und Astrid Keller

1996
Mirandolina
von Carlo Goldoni

Carlo Goldoni
»Mirandolina«

Freilichtaufführung
auf Schloss Girsberg Kreuzlingen
19. Juli – 17. August 1996 – 20.30 Uhr
Eine Aufführung des Seeburgtheaters

Regie und Bearbeitung
Leopold Huber

Schloss Girsberg

2800 Gäste sehen
20 Vorstellungen

Astrid Keller, Domenico Pecoraio

Als Hauptspielort kristallisiert sich immer mehr Schloss Girsberg mit seinen vielgestaltigen Spielmöglichkeiten heraus.
Für "Mirandolina" wird das Schloss in ein Wirtshaus und der Schlosshof in einen Gastgarten verwandelt.

Das Stück
Die ebenso hübsche wie kluge Gastwirtin Mirandolina wird von zwei Männern heftig umworben. Sowohl der verarmte, deswegen aber keineswegs weniger hochfahrende Marques Del Guadalijo als auch der neureiche Playboy mit gekauftem Adelstitel – in dieser Inszenierung heisst er Graf Dinkel von Dünkelsbiel – überhäufen Mirandolina mit Geschenken, in der Hoffnung, den Nebenbuhler übertrumpfen zu können. Dem Kellner Fabrizio will dieses Treiben gar nicht gefallen, denn auch er ist hinter seiner Chefin her. Dabei hat er nicht nur Mirandolinas weibliche Reize im Kopf, sondern ebenso ihr Gasthaus. Mirandolina geniesst es, umschwärmt zu sein. Sie spielt ihr Spiel mit den Männern und versteht es dabei meisterhaft, sich alle drei auf Distanz zu halten. Vielmehr macht ihr ein Vierter zu schaffen: der Cavaliere di Ripafratta, ein selbsternannter "Weiberfeind", der mit Macho-Sprüchen "*Frauen sind dumm, weil ihnen Gott keinen Verstand geschenkt hat*" versucht, seinem Ruf Glaubwürdigkeit zu verschaffen. Und genau darin erkennt Mirandolina die Herausforderung: Sie will dem "Junggesellen aus Überzeugung" einen Denkzettel verpassen.
Mit List und Tücke versteht sie es, ihn über beide Ohren in sich verliebt zu machen, um ihn schliesslich zum Kniefall zu zwingen: Er muss öffentlich eingestehen, dass er den Frauen Unrecht getan hat. Damit ist Mirandolina am Ziel. Nun kann sie das Spiel abbrechen und heiraten – aber nicht den bekehrten Frauenfeind, sondern der Kellner Fabrizio ist der Glückliche.
Mirandolina hat die Rechnung ohne den inzwischen wieder zum Frauenhasser mutierten Ripafratta gemacht:
Aus Rachsucht kauft er das Gasthaus, in dem Mirandolina wirtet, und stellt sie und ihren Fabrizio kurzerhand auf die Strasse.

Fazit 1: Nicht die wahre Liebe siegt.
Fazit 2: Wer das Geld hat, hat das Sagen.

Andreas Bauer, Thurgauer Zeitung

„*Ich will den groben Cavaliere di Ripafratta verliebt vor mir auf dem Boden sehen zur Schande der hochmütigen Männer und zur Ehre unseres vielgelästerten Geschlechts*"
Mirandolina

Astrid Keller und Carlos Trafic

Carlo Goldoni 1707-1793 wurde als Sohn eines Arztes 1707 in Venedig geboren. Er studierte das Recht und war ab 1748 Hausdichter verschiedener Theater. 1762 musste Goldoni emigrieren, er verbrachte die letzten 31 Jahre seines Lebens im Exil in Paris. Hier schrieb er zunächst für das Italienische Theater Stücke, war später bei Hofe als Vorleser und Sprachlehrer der Prinzessinnen tätig. Die Französiche Revolution wurde ihm zum Verhängnis, er verlor seine Pension und starb verarmt 1793.

Goldonis Ziel war die Überwindung der Commedia dell'arte. Er brach die verhärteten Strukturen auf, verwandelte die Typen- in eine Charakterkomödie. Dies trug ihm viel Feindschaft ein, von Carlo Gozzi und den traditionellen Schauspielern. Das Publikum aber mochte seine Stücke. Goldoni gilt als Vorkämpfer des Realismus. Er brachte seine unmittelbare Umgebung auf die Bühne, beflügelt von der Kenntnis der Menschen. Weitgehend objektiv durchleuchten seine Stücke die gesellschaftliche Situation, die sich selbst dem Gelächter preisgibt.

Zu seinen bekanntesten Stücken gehören; *Der Diener zweier Herren, 1746, Das Kaffeehaus, 1750, Mirandolina, 1751, Herren im Haus, 1760, Der Lügner, 1750, Viel Lärm in Chiozza, 1761*

Steile Damen:
Eva Behrmann, Astrid Keller,
Marie-Thérèse Mäder

Mirandolina

Stefan Borkert
St. Galler Tagblatt, 22.7.96

„Die harte Schale geknackt"
Cavaliere di Ripafratta (Klaus Lehmann) ist ein Weiberfeind par excellence. Die Gastwirtin Mirandolina (Astrid Keller) beschließt, die harte Schale seines Herzens zu knacken. Und sie schafft es auch. Diese einfache Geschichte von Carlo Goldoni inszeniert Leopold Huber mit dem Seeburgtheater Kreuzlingen. Bei der Premiere war das Publikum begeistert.

Man muss nicht übertreiben, um zu sagen, dass diese Inszenierung das Beste ist, was das Seeburgtheater in den letzten sechs Jahren auf die Beine gestellt hat. In diesem Lustspiel dominiert die Lust am Spiel, das Spiel mit der Lust und das Spielerische der Lust gleichermassen. Leopold Huber, Autor, Film- und Theaterregisseur, hat die Vorlage von Goldoni gefühlvoll bearbeitet. Zu keinem Zeitpunkt wirken eingebaute aktuelle Bezüge aufgesetzt. Im Gegenteil, die Ebenen ergänzen sich. Da ist einmal der historische Teil, erkennbar an den Kostümen, dem Niedergang des Adels und der Sprache. Anderseits nutzt Huber das Spiel mit der Liebe und Lust als Brücke zum hier und jetzt.

Auch heute gibt es Weiberfeinde und die Liebe zwischen den Geschlechtern, die für Verwirrung sorgt. Der Cavaliere di Ripafratta macht das deutlich. Er halte es bei den Frauen mit dem Bischof Haas. Die Haut der Frauen sei unschuldig weiss, darunter aber wohne die Sünde. Sprüche werden geklopft, die jeder halbwegs emanzipierten Frau das Messer im Sack aufgehen lassen. Bedrohliches Gemurmel war dann auch die erste Reaktion bei der ersten Tirade, die Ripafratta gegen die "Weiber" losliess.

Es ist eine der Qualitäten Hubers, das Publikum, und in dieser Inszenierung schließlich Mann und Frau, aufs Glatteis zu führen.
Zur schauspielerischen Leistung kann man allen Beteiligten nur gratulieren. Klaus Lehmann und Astrid Keller sind ein wunderbares Paar. Carlos Trafic und Ulrich Fausten zwerchfellerschütternd komisch. Eva Behrmann, Marie-Thérès Mäder und Domenico Pecoraio stehen den anderen nicht nach. Nicht zu vergessen den Sohn des Schlossherrn Roy Schmid, der urkomisch und cool den Diener des Frauenhassers mimt.
Keinesfalls unter den Tisch gekehrt werden darf die Musik (Volker Zöbelin). Im perfekten Zusammenspiel sitzen selbst schwierige Slapstickpointen, stimmt das Timing. Soviel Lob kann man selten aussprechen, aber diesmal hat es das Seeburgtheater wirklich verdient.

Roy Schmid-Andrist

... auch das noch

Nach einer Woche Probenzeit verschwindet am 11. Juni der Hauptdarsteller und bleibt unauffindbar. Besorgte Telefonanrufe, schlimme Befürchtungen. In der Garderobe dann ein Abschiedsbrief: *"Lieber Leopold, ich habe heut Nacht gemerkt, dass das Theater zur Zeit nicht das Richtige ist; ich kann meinen Hund auch nicht alleine verrecken lassen. Alles Gute....".*
In kurzer Zeit übernimmt Klaus Lehmann die Hauptrolle. Ein grosser Gewinn für das Theater.

Männerprobe:
Leopold Huber, Klaus Lehmann, Domenico Pecoraio

v.l. Esther Kim Schmoldt, Felix Breyer, Elmar Schulte, Rosalinde Renn, Mathias Gnädinger

1997
Der Besuch der alten Dame
von Friedrich Dürrenmatt

Regie
Leopold Huber

Bahnstation MThB
und gesamtes
Schlossareal Girsberg

10 500 Besucher sehen 30 Aufführungen

Die Mittelthurgaubahn, die unterhalb des Schlosses Girsberg verbeiführt, baut für das Theater eine Bahnstation "Güllen" und stellt einen Zug zur Verfügung, mit dem die alte Dame samt Gefolge anreist. Die Zuschauer bilden das Empfangskomitee und begleiten sie zum Schloss, wo die tragische Komödie ihren Anfang nimmt.

Das Stück
Die Multimilliardärin Claire Zachanassian besucht nach 40 Jahren Güllen, den rezessionsgeplagten Ort ihrer Herkunft. Sie verspricht den verarmten Güllenern 1 Milliarde Franken, wenn jemand Alfred Ill tötet, ihren Jugendfreund, der sie als Mädchen schwängerte und im Vaterschaftsprozess falsche Zeugen bestochen hatte, worauf sie mit Schimpf und Schande als Hure davongejagt wurde. Jetzt will sie späte Gerechtigkeit. Die Güllener weisen zuerst entrüstet das unmoralische Angebot von sich. Aber sie machen Anschaffungen und Schulden, sodass ihnen am Schluss nichts mehr bleibt, als ihren Mitbürger Alfred Ill zu töten.

... auch das noch
Ein nicht institutionalisiertes Theater zu finanzieren, und das alle Jahre wieder – es gibt nach wie vor keine verbindlichen Zusagen von keiner Seite – verlangt ebenso viel Energie für die Geldbeschaffung wie für die Bühnenarbeit selbst. Diese Arbeit kann nur mit totalem persönlichen Einsatz, mit Mut zum Risiko und mit schneller Problembewältigung geleistet werden. Der Konflikt mit der langsam mahlenden Mühle der Bürokratie ist vorprogrammiert.
Die fünfköpfige Theaterfachkommission des Kantons soll das Theatergeschehen fördern und kümmert sich um zwei professionelle Theater. Kommissionen haben die Tendenz, ihre Existenz durch "Mithilfe" zu rechtfertigen. Die unqualifizierte Einmischung in die Produktionsabläufe des Theaters stört die Arbeit. In langwierigen Aufklärungsgesprächen geht der Theaterleitung Zeit und Energie für die Bühnenarbeit verloren. Und das ist ärgerlich!

Mathias Gnädinger, Peter Fürer

Der zu beurteilende Tatbestand:

Eine reiche alte Frau bietet den Einwohnern einer Gemeinde eine Milliarde für die Tötung eines ihrer Bürger.
Motiv: Genugtuung für erlittenes Unrecht oder einfacher ausgedrückt: Rache.

I. Festnahme der alten Dame
1) Bei dem vorliegenden Tatbestand könnte es sich um Anstiftung zum Mord (§§ 26, 211 Strafgesetzbuch) handeln. (So wie es auch I11 sieht.)
Anstiftung zum Mord setzt aber die bereits vollendete Tat voraus. Das ist aber - zumindest bisher - nicht der Fall.

2) Deshalb kommt der Versuch der Anstiftung zum Mord (§§ 23, 26, 30, 211 StGB) in Betracht.
Eine solche bloß versuchte Anstiftung ist so lange straflos, wie keiner der potentiellen Täter konkrete gefährliche Vorbereitungshandlungen zur Mordtat ergreift (z.B. Kaufen eines Gewehrs mit Schießübungen).
Das ist hier nicht ersichtlich. Also bleibt es beim straflosen Anstiftungsversuch zum Mord.

3) Ergebnis: Da zwar eine moralisch verwerfliche, aber keine strafbare Handlung der alten Dame vorliegt, wäre eine Festnahme durch die Polizei ungesetzlich.

II. Festnahme der Bürger bzw. des Polizisten
Gem. § 138 StGB ist die "Nichtanzeige geplanter Straftaten", hier Mord, strafbar. Das setzt voraus, daß jemand zu einer Zeit, zu der die Ausführung der Tat noch abgewendet werden kann, die Anzeige bei der Polizeibehörde unterläßt.
Hier weiß die Polizei aber von der möglichen Straftat. Deshalb hat auch keiner die Pflicht, das geplante Verbrechen anzuzeigen. Die Bürger haben sich nicht strafbar gemacht. Es gibt keinen Grund für eine Festnahme.
Da der Polizist selbst zu Recht einen Straftatbestand für nicht gegeben hält, kann auch ihm kein strafrechtlich relevanter Vorwurf gemacht werden. Auch er kann nicht (von einer vorgesetzten Behörde) festgenommen werden.

III. Vorbeugehaft
a) Eine vorbeugende Inhaftierung eines oder aller potentieller Täter ist nach geltendem Strafrecht ebenfalls nicht möglich, da es bei keinem zu einer hinreichenden Konkretisierung der Tat gekommen ist.
b) I11 bliebe nur die Möglichkeit, die Polizei um Personenschutz und ggf. Schutzhaft zu bitten.
Hinweis: Die Beurteilung erfolgte nach deutschem Strafrecht. Das schweizerische Recht soll aber insoweit nicht abweichen.

Besuch der alten Dame

Bei den Probenarbeiten im Schlosshof

Das Buch
Herbert Leiser, der Darsteller des Bürgermeisters, hat im Laufe der Probenarbeit eine respektlose Kurzfassung vom "Besuch der alten Dame" geschrieben und illustriert; das Buch ist in einer Auflage von 250 Stück erschienen.

SCHON AM FRÜHEN
MORGENGRAUEN
HABEN SIE DANN
ZUGEHAUEN
SO WURDEN DIE GÜLLNER
AM NÄCHSTEN TAG
ALLE MILLIONÄRE
AUF EINEN SCHLAG

Alexandra M. Kedves
Neue Züricher Zeitung vom 19./20.07.1997

Im schönsten Wiesengrunde
Dürrenmatts "Besuch der alten Dame" auf Schloss Girsberg

Co-Leiter und Regisseur des 1990 gegründeten Seeburgtheaters, Leopold Huber, der sich auch durch Filmarbeiten einen Namen gemacht hat, inszeniert die "Komödie der Hochkonjunktur" als Komödie der Rezession. Und aktualisiert munter drauflos: Güllen steckt in der "Globalisierungsfalle", die "Billiglohnländer" treiben die Arbeitslosigkeit in die Höhe, die kranken Damen am Bodensee, die Firmen Raichle und Späti, benötigen eine ökoverträgliche Sanierung; aber all dies kann wieder werden, weiss Claire Zachanassian: "mit einer Stiftung aus meinen Goldreserven".

Die Ausweitung auf die allgemeinere "tragische Komödie" (so der Untertitel des Dramas) gelingt dem Schauspieler Mathias Gnädinger weitgehend. Der Versuch, "aktuelles kritisches Volkstheater" zu schaffen, läuft leider leicht in die Fallstricke eines solchen Unterfangens. Es soll volksnah sein: Drum lasst uns alle am Anfang "Im schönsten Wiesengrunde" anstimmen, was sich später geschickt durch "Marmor, Stein und Eisen bricht" ergänzen lässt. Es soll aktuell und naturalistisch sein: Da gibt es neben der Globalisierung noch die Biomilch und den Tierschutz, neben der Mittelthurgau-Bahn, den echten Mercedes (Kennzeichen GÜ 17797), der auf den Hof gebraust kommt. Es soll emotional sein: Durch in die Urfassung hineingeschmuggelte Szenen brechen Gewalt und Liebe in diesem repressiven Stück stellenweise fast hemmungslos auf. Es soll komisch sein: Claires diverse Ehemänner fluchten spanisch oder säuselten englisch (ein äusserst wandlungsfähiger Carlos Trafic), der Cheerleader hält ein "Applaus"-Schild ins Publikum, und die Bäume rauschschschen, dass es eine Lust ist. Die geblendeten Eunuchen sind gar richtig gut (Astrid Keller und Charlotte Heinimann).

Aus dem Potpourri an Ansätzen entsteht zwar ein bunter Theaterteppich; eine zweieinhalbstündige Unterhaltungsfläche mit kritischem Anspruch vermag dieser, trotz hinreissender Kulisse, jedoch nicht abzudecken.

Mathias Gnädinger und Rosalinde Renn

Leserbrief **Thurgauer Volksfreund vom 2.8.1997**
zum Artikel Alexandra M. Kedves "Besuch der alten Dame" auf Schloss Girsberg

Dürrenmatt ist volksnah

Dürrenmatts Klassiker soll nicht volksnah sein, er ist volksnah, soll nicht aktuell und naturalistisch sein, er ist aktuell und naturalistisch. Allen Schauspielern ein Bravo, auch wenn das Stück als "bunter Theaterteppich" abgetan wird. Schön wäre es gewesen, wenn die Kritikerin den Namen der Zeppelin-Enkelin richtig geschrieben hätte: Alexa Baronin von Koenig-Warthausen.

Ruth Baeuerle-Engelsing, Konstanz

Leserbrief **Thurgauer Volksfreund vom 2.8.1997**
Ein schöner Sommerabend bei der "alten Dame"

Der Besuch bei der "alten Dame im Girsberg" in Kreuzlingen ist ein Genuss der besonderen Art.
Wie schön, wenn man nicht als Kritiker sondern als einfacher Zuschauer völlig ungezwungen der Dinge die da kommen harren darf.
Die Menschen, also alle Beteiligten, die dieses Erlebnis möglich machen, geben uns ihr Bestes. Die geglückten Überraschungen aus den örtlichen Situationen heraus, die Beziehungen zum Heute, der Einbezug des Publikums, das grosse Engagement, die Komik und der gesellschaftskritische Inhalt -, es ist alles so gut gelungen.
Ein wirklicher Genuss. Die Aufführungen des Seeburgtheaters auf dem Girsberg, sie sind den Sommerabend wert – sicher in jeder Beziehung.

Jost Rüegg, Kreuzlingen

Der Besuch der alten Dame

Felix Breyer, Rosalinde Renn, Mathias Gnädinger, Frank Marx, Esther Kim Schmoldt

SCHAUSPIELHAUS ZÜRICH

Zeltweg 5
Postfach
8032 Zürich
Telefon 01 265 57 57
Fax 01 265 58 00

SEEBURGTHEATER KREUZLINGEN
Herrn Leopold Huber
Rigishusstrasse 3
8595 Altnau

Zürich, 20. Juni 1997

Betrifft: Militärkarabiner Gewehr 88 für „Besuch der alten Dame"

Auf Anfrage von Mathias Gnädinger sind wir bereit, dem SEEBURGTHEATER für ca. 2 ½ Monate 7 Militärkarabiner Gewehr 88 für **Theaterzwecke** auszuleihen. Anzahl und Beschrieb sowie genaue Ausleihzeit sind im Leihschein aufgeführt.

Wir müssen Sie in diesem Zusammenhang darauf hinweisen, dass es sich um echte Waffen handelt, welche für Theaterzwecke gebraucht werden dürfen, **aber es darf weder echte, noch Markiermunition daraus verschossen werden.**
Das Schauspielhaus lehnt jede Haftung bezüglich der Verwendung der Waffen ab. Diese sind in einem geschlossen Schrank in einem abschliessbaren Zimmer zu verwahren.

Die Haftung für die Gewehre übernimmt das SEEBURGTHEATER KREUZLINGEN und endet mit der Rückgabe an unser Theater.

Zur Kenntnis genommen
SEEBURGTHEATER KREUZLINGEN
Requisite;
Datum, 20.Juni 1997

Unterschrift:

Mit freundlichen Grüssen
SCHAUSPIELHAUS ZÜRICH
Der techn. Leiter

P. Fischer

EMPFANGSBESTÄTIGUNG

Hiermit bestätige ich den Erhalt eines Gewehres (Gewehr-Nr. 4599) für die Dauer der Theaterproduktion „Der Besuch der alten Dame" vom 17. 7. '97 bis 25. 8. '97.

Ich versichere hiermit ausdrücklich, das Gewehr

– unverzüglich nach Ende der Aufführung zurückzugeben

– ausschliesslich zu den von der Regie angewiesenen Zwecken zu benutzen

– technisch nicht zu verändern

– keiner Behandlung zu unterziehen, die die Funktion beeinträchtigt

– keiner anderen Person zur Benutzung zu überlassen oder sonstwie zugänglich zu machen

– während der Zeit meines Besitzes mit grösstmöglicher Sorgfalt zu behandeln.

Ich erkläre weiterhin:

– für alle Schäden, die durch die Benutzung oder das Abhandenkommen des Gewehres entstehen, selbst zu haften

– im Falle eines solchen Schadens die Produktionsleitung unverzüglich zu unterrichten.

Kreuzlingen, 16. Juli 1997

Unterschrift:

Hans Peter Mark

Warten auf den Zug bei der Station Bernrain

Hella Wolff-Seybold
Südkurier, 22.08.1997

Theater im "Bahnhof"
So ein Theater hat es in dieser Gegend schon lange nicht mehr gegeben. Seit Wochen sitzt da jeden Abend (außer montags) einer neben einem Sarg im Kreuzlinger Bahnhof Bernrain. Dann kommen noch ein paar seltsame Gestalten, und einige davon legen sich manchmal einfach ein wenig hin auf ein Bretterpodest. Sie alle steigen dann, mitsamt dem Sarg, um 20.30 Uhr ein in den von Weinfelden her kommenden Seehas. Und der hält dann jeden Abend (außer montags) nach ein paar hundert Metern in einem Bahnhof, den es in Wirklichkeit noch nie gegeben hat, in Güllen, dem Ort, in dem Friedrich Dürrenmatt den "Besuch der alten Dame" angesiedelt hat. Und jeden Abend (außer montags) ist das Publikum das Empfangskomitee. Nein, so ein Theater hat es auf dem Girsberg noch nie gegeben.

Bernadette Conrad
St. Galler Tagblatt, 19.07.1997

Hart und weitab jeglicher Gefühle
Auch unter freiem Himmel entfaltet Friedrich Dürrenmatts "Besuch der alten Dame" beklemmende Wirkung.
Was ist Theater, was Wirklichkeit? Wie wirklich muss Theater werden, würde Regisseur Leopold Huber vielleicht fragen. Als er nun für Dürrenmatts "alte Dame" auf dem Kreuzlinger Schloss Girsberg jenes Güllen einrichtete, in das Claire Zachanassian (Rosalinde Renn) milliardenschwer zurückkehrt, liess er den Zug in Güllen-Girsberg anhalten, siedelte das Schlosshotel im realen Schloss an und demonstrierte den wachsenden Reichtum des Dörfchens unter anderem mit einem weinroten Mercedes, der durch den Schlosshof braust.
Es ist eine Theaterwirklichkeit, in deren Realismus man sich derart verfangen soll, in der man nicht mehr tun kann, als ginge einen das alles nichts an.
Schon das im Schlosshof Bratwurst essende und Wein schlürfende Publikum wird ein wenig zur Güllener Dorfgemeinde. Fast unmerklich findet der Übergang statt, als eine Lautsprecherstimme die Ankunft der alten Dame ankündigt und die zahlreiche Zuschauerschaft sich lachend, schwatzend und schwerfällig ans Bahngleis begibt. Die Alltagswirklichkeit selbst beginnt mitzuspielen, als der Zug voller verwirrter Reisender langsam durchfährt, von den "Güllenern" schon johlend und singend begrüsst, und der nächste tatsächlich hält, die alte Dame samt Sarg, Gatten (Carlos Trafic) und Dienerschaft Moby, Toby, Roby usw. ausspuckt und die verwunderten Passagiere wieder mitnimmt.
Wieder im Schlosshof beginnt sich das bitterböse Spiel um eine "Gerechtigkeit" zu entfalten, die für eine "normale" Dorfgemeinde zur Legitimation für Mord und Verrat wird. Huber inszeniert in so grossen Zügen, wie es die riesige Bühne verlangt, und parallel zur dramatischen Zuspitzung der Handlung vermag er die Spannung zwischen Claire und Alfred III (Mathias Gnädinger) zu sammeln und zu konzentrieren. Das unerträglich Bedrückende das die "alte Dame" dem Publikum in einem Theaterraum aufdrängt, stellt Huber im Freilufttheater über die bedrohliche Realitätsnähe her. "Ich mach´s für die Hälfte" murmelt ein Zuschauer, als Claire ihre Bedingung "eine Milliarde für den Mord an III" formuliert.

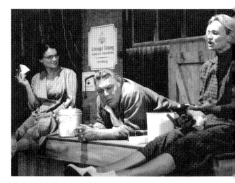

Astrid Keller, Mathias Gnädinger, Charlotte Heinimann

Der Besuch der alten Dame

Friedrich Dürrenmatt
1921-1990
Einer der eigenwilligsten, originellsten und erfolgreichsten Dramatiker unserer Zeit, stammt aus einem protestantischen Berner Pfarrhaus. Er studierte Literatur, Philosophie und Naturwissenschaften in Zürich und Bern. Anfang der vierziger Jahre begann er seine schriftstellerische Arbeit mit kafkaesken Erzählungen. Viele seiner literarischen Motive finden sich auch in zahlreichen Zeichnungen und Bildern Dürrenmatts. Er arbeitete eine zeitlang als Grafiker, später als Theaterkritiker und Kabarett-Texter. Nach dem Erfolg der ersten Theaterstücke liess er sich als freier Schriftsteller in Neuchâtel nieder.
Bekannt wurde er auch als Erzähler *(Der Richter und sein Henker, 1951, Der Verdacht, 1952, Grieche sucht Griechin, 1955, Justiz, 1985, Durcheinandertal, 1988).*
Im Mittelpunkt seiner Arbeiten stand aber das Theater. Einige Stücke überarbeitete er mehrmals. Die reiche theatralische Phantasie, verbunden mit geistvollem Sprachwitz lebt von grotesken Verzerrungen.
Bertolt Brecht wollte Dürrenmatt als Autor an das Berliner Ensemble engagieren. Dürrenmatt lehnte das verlockende Angebot ab, ebenso die Berufung zum Direktor des Schauspielhauses Zürich 1972.
Zu den Hauptwerken zählen: *Romulus der Grosse, 1948, Die Ehe des Herrn Mississippi, 1952, Ein Engel kommt nach Babylon, 1953, Der Besuch der alten Dame, 1956, Die Physiker, 1962, Der Meteor, 1966, Achterloo, 1983.*

Probenarbeit Leopold Huber und Mathias Gnädinger

Valentin Huber, Anna Erdin, Maria Huber, Susanne Lüpke, Urs Bihler, Astrid Keller, Christine Heiss, Helmut Vogel

Astrid Keller und Urs Bihler

Familie Helmer

Christine Heiss und Astrid Keller

1998
Nora oder ein Puppenheim
von Henrik Ibsen

*Bearbeitung und Regie
Leopold Huber*

Puppenmuseum
Schloss Girsberg

4300 Besucher sehen
22 Aufführungen

Dramaturgengespräch
A.: „Ibsen im Freilufttheater, bist du verrückt?"
H.: „Vielleicht, aber es interessiert mich, Ibsen aus den Fesseln der gewohnten Aufführungspraxis zu befreien, aus dem psychologisierenden, publikumsabgewandten Spiel in muffigen Bühnenräumen, von dem gefürchteten "Ibsenton". Der Mann hat keine psychologischen Stücke geschrieben, sondern exemplarische. Ihn interessierte die Verkettung des Menschen im gesellschaftlichen Mechanismus. Die Gegebenheiten des Freilichttheaters kommen Ibsens Intentionen entgegen. Das Freilichttheater verlangt ein kräftiges, nach aussen gestelltes Spiel, das die Vorgänge und Mechanismen transparent macht. Und mit heutigen Augen liest sich "Nora" als Gesellschaftssatire besser denn als ernste Tragödie. Nach 120 Jahren ironisieren sich gerade die Aussagen der Männer im Stück von selber."

> "In seiner Lebensführung sich selbst realisieren, das ist, meine ich, das höchste, was ein Mensch erreichen kann.
> Diese Aufgabe haben wir alle, einer wie der andere, aber die allermeisten verpfuschen sie."
> Henrik Ibsen

Das Stück
Helmer und seiner Frau Nora geht es gut; sie haben drei nette Kinder, ein schönes Haus und Helmer ist zum Bankdirektor befördert worden. Als Helmer seinen Mitarbeiter Krogstad entlässt, erpresst dieser Nora. Sie hat vor Jahren eine Bürgschaft gefälscht, um dem kranken Helmer eine lebensrettende Kur zu ermöglichen. Helmer, der „unangreifbare Saubermann" sieht seine Karriere gefährdet; er stellt sich gegen Nora.
In der Folge bekommt das Puppenheim Risse...

Henrik Ibsen 1828-1906
Geboren am 20.3.1828 in Skien (Norwegen). Der Anfeindungen seiner Dichtungen wegen lebte er 27 Jahre im Ausland, u.a. in Rom, Paris, München. Alt und hoch geehrt kehrt er schliesslich heim und stirbt am 23.5.1906 in Christiania.
Seine bekanntesten Stücke:
Peer Gynt, 1876, Nora oder ein Puppenheim, 1876, Stützen der Gesellschaft, 1877, Gespenster, 1882, Ein Volksfeind, 1883, Die Wildente, 1885, Die Frau vom Meer, 1888, Hedda Gabler 1890.

 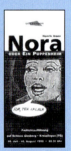
 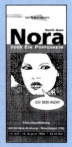

Spielanlage
Das Puppenmuseum, ein Nebengebäude auf Schloss Girsberg, wird zum Einfamilienhaustraum von Nora und Helmer, mit Veranda, Blumenrabatten und Zaun; Noras goldener Käfig. Im Lauf der Geschichte wird das schöne Bild rissig, die Idylle entlarvt sich als Scheinidylle.

Zeitfrage
Bei jedem Stück stellt sich die Frage, belässt man es in seiner Zeit oder bringt man es dem Zuschauer näher durch eine Transformation. Bei Nora bietet sich eine Transformation in die 50er Jahre an.

Der Fall Laura Kieler
Vorbild für Nora (1879 uraufgeführt), war die Ibsen persönlich bekannte norwegisch-dänische Schriftstellerin Laura Kieler (1849 – 1932), die zur Rettung ihres todkranken Mannes (eines Lehrers) heimlich Geld beschaffte. Als die Wechselfälschung aufflog, liess sich Kieler scheiden, entzog ihr die Kinder und steckte sie als geisteskranke Betrügerin ins Irrenhaus.

Entstehung eines Erscheinungsbildes
Dr. Toni Schönenberger, der Leiter des Ausbildungszentrums Wolfsberg, regt das See-Burgtheater-Team an, das grafische Erscheinungsbild in Publikationen und Werbemitteln entsprechend der Qualität der Theaterabeit zu verbessern. Dorena Raggenbass Beringer wird mit dieser Aufgabe betraut. Sie entwirft ein Gesamtkonzept für die Öffentlichkeitsarbeit, ent-

Von der Skizze bis Gut zum Druck.

wickelt ein Logo, gestaltet in einem Wurf die Prospekte, Programmzettel, Plakate, Inserate, Programmhefte und kümmert sich darum bis zum Druck. Es reicht einfach nicht mehr, den Leuten einen Käszettel in die Hand zu drücken und ansonsten auf die Qualität der Theaterarbeit zu bauen. Die Zuschauer verlangen nach einem Programmheft, das Hintergrundmaterial zu den Aufführungen liefert.

Grosse Plakatsteller halten das Theater in der Stadt präsent, und Plakate an ausgesuchten Werbeflächen im Einzugsbereich von Konstanz – Singen – Schaffhausen über Winterthur - Frauenfeld – St.Gallen – Rorschach. Kleine Plakate und Handzettel werden in Geschäften verteilt. Einen Teil dieser Arbeiten übernehmen die Schauspieler, die auch ihre Requisiten selber besorgen, die Garderoben einrichten und auch beim Auf- und Abbau der Bühne, auf der sie stehen und leben, beteiligt sind. Wenn alle Mitarbeiter das Richtige tun wollen, dann stellt sich der Erfolg wie nebenbei ein. Gute Theaterfotos sind ebenso wichtig wie die Bewirtung der Gäste, um die sich Jolanda und Antoinette Schmid-Andrist kümmern.

...auch das noch
1994 gibt Regierungsrat Hermann Bürgi dem Thurgau eine vorbildliche "Verordnung zum Gesetz über die Kulturförderung und die Kulturpflege", trotzdem gesamtschweizerisch die Verankerung eines Kulturartikels in der Verfassung niedergestimmt wurde (eigentlich eine Schande für ein zivilisiertes Land). Zur Ausführung der "Verordnung zum Gesetz" im Thurgau wird ein Kommissionenapparat eingerichtet.
Die Zusammenarbeit mit der Theaterfachkommission liesse sich verbessern.
Mit der Begründung, die Kosten der Zusachauertribüne seien zu hoch, wird die Defizitgarantie nicht in der zugesprochenen Höhe ausbezahlt.
Ein Angebot vom Ostschweizer Tribünenkönig zeigt, dass der See-Burgtheater Ausstatter J.M. Heer mit seiner KUBUS-Mannschaft die Tribüne ein Drittel billiger gebaut hat.

Nora geht:
Astrid Keller, Urs Bihler

v.l. Urs Bihler, Helmut Vogel, Astrid Keller, Leopold Huber, Christine Heiss, Daniel Kasztura

Astrid Keller und Urs Bihler

Christof Münger
Thurgauer Zeitung, 18.07.1998

„Frischer Seewind im Puppenheim"

Weltneuheit auf Schloss Girsberg bei Kreuzlingen: "Nora oder Ein Puppenheim" erstmals unter freiem Himmel. Das See-Burgtheater hat Henrik Ibsens Klassiker vom Staub des 19. Jahrhunderts befreit und in die fünfziger Jahre hinein versetzt.
Zwei Lieferanten schleppen ein unförmiges Möbel auf die Bühne, den Sitzplatz vor einem stattlichen Einfamilienhaus. Doch das fournierte Buffet enthält nicht das Porzellan aus der Aussteuer der Ehefrau, sondern ein Radio, einen Plattenspieler und den ersten Fernseher der Familie. Nora dreht sofort auf, und der Rock`n Roll schallt über die Bühne. Präziser und knapper kann kaum in die fünfziger Jahre eingeführt werden.
Der Zweite Weltkrieg ist schon beinahe vergessen, die Wirtschaft boomt, und das Einfamilienhaus wird zum Ziel aller Träume.
So kann Torvald Helmer (brillant: Urs Bihler) durchaus 1958 und nicht 1879 (Jahr der Uraufführung) nach sorgenreichen Jahren zum Direktor einer Aktienbank befördert werden. Er sieht sein Glück abgerundet durch seine hübsche Ehefrau Nora. Sie ist sein liebstes Spielzeug, eine kleine Puppe eben. Doch Nora hat auch ein anderes Gesicht – ein Wechselspiel, das Hauptdarstellerin Astrid Keller auf den Leib geschrieben scheint.
Helmer erfährt von Krogstad, dass seine Frau eine Unterschrift gefälscht hat. Das Kartenhaus seiner patriarchalischen Existenz bricht zusammen. Er rastet aus, erniedrigt seine Frau und bezeichnet sie als Verbrecherin.

Doch dann kommt die langersehnte Wende: Nora verabschiedet sich aus dem Puppenheim, wo sie ihre Kinder zurücklässt. Aus einem Spielzeug ist eine Frau, ein Mensch geworden.

Weshalb hat Huber das Puppenheim aber nicht gleich in den neunziger Jahren angesiedelt? Gegenwärtig drohen auch überall Entlassungen, und Moral und Werte sind heute weniger klar definiert denn je.

Maske im Freien

Maria Schorpp
Südkurier, 18.07.1998

„Live-Show in der Hulalula-Bar"

"Privat" steht auf dem Blechschild am Gartenzaun, "Zutritt verboten". In Leopold Hubers diesjähriger Inszenierung des See-Burgtheaters auf dem Girsberg, Ibsens "Nora oder Ein Puppenheim", wird exemplarisch und eingängig Bürger-Alltag abgebildet. Der schöne Schein der öffentlichen Rede von Gleichberechtigung verpufft zwischen Polsterkissen und Haushaltsgeld. Wer sich fragt, was diese 50er-Jahre-Nora, die ursprünglich aus den 70er Jahren des 19. Jahrhunderts stammt, noch mit heutzutage zu tun hat, der sollte im Privaten auf die Suche gehen.

Der Riss, der durch Nora geht, wird in Astrid Kellers Spiel mit den vielen Schattierungen nach und nach sichtbar. Grandios die Szenen, wenn sie zu bester Form aufläuft.

Wenn sie Helmers drolliges Spaßvögelchen spielt oder das sprudelnde Leben vorführt, um Dr. Rank zu gefallen, dem Helmut Vogel sehr überzeugend diesen sozialen Ekel mitgibt, der sinnig männlichen Chauvinismus mit gesellschaftlicher Überheblichkeit verbindet. Überraschenderweise ist das irgendwie komisch, aber es ist auch sehr böse und sehr gemein. Huber lässt Nora nicht elegant Tarantella tanzen, sondern setzt ihr einen platinblonden Mob auf den Kopf, lässt sie wie Marilyn Monroe trällern und platziert Dr. Rank und Helmer daneben, die sie begutachten, als wären sie in der Live-Show der Hulalula-Bar.

Urs Bihler macht aus Helmer ein überwältigendes Gemenge aus Autoritätsgehabe und jovialem Biedersinn. Bihler sorgt aber auch für eine gewaltige Menge Heiterkeit, die nicht immer nur böse gemeint ist. Denn diesen Spagat schafft die Aufführung auf dem Girsberg auch: Sie verliert bei aller Schwere des Themas nie die Leichtigkeit und sie hat erheblichen Unterhaltungswert.

zwischen den Einsätzen

Urs Bihler, Astrid Keller, Helmut Vogel

Das Theaterschiff

MS Graf Zeppelin

Leopold Huber

Dieter Bögle, der Chef der Bodenseeschiffsbetriebe, ist angetan von der Idee, Theater auf dem Schiff zu spielen und stellt das Flaggschiff der BSB, die MS "Graf Zeppelin" als Spielort zur Verfügung. So bekommt der Bodensee eine neue Attraktion. Die schwimmende Bühne legt von deutschen und schweizer Häfen rund um den Bodensee ab. Uraufgeführt werden zwei Stücke, die eigens für das Theaterschiff geschrieben werden und einen direkten Bezug zum Spielort haben: „Grosse Fische kleine Fische" des Schweizer Theater – und Filmautors Philipp Engelmann und das Piratendrama „Rocky 10" von Jo Eisfeld. Und wie man es vom See-Burgtheater gewohnt ist, dürfen die Zuschauer in jeder Hinsicht mit allerlei Turbulenzen rechnen: Auch das Schiff spielt mit, wird je nach Vorgabe der Regie schlingern, stoppen, drehen und Rock n`Roll tanzen.
Mit Josef Schnadenberger, dem kaufmännischen Direktor, wird in einjähriger Arbeit die Organisation auf die Beine gestellt. Bemerkenswert das Engagement der EU, die aus dem Euregio Programm Interreg II diese grenzüberschreitende Produktion mitfinanziert.

1999
Grosse Fische kleine Fische
von Philipp Engelmann Uraufführung

Regie
Leopold Huber

MS Graf Zeppelin

Das Stück
Annette Zierfass-Negroni, smarte Unternehmerin des Jahres, lädt zu einer Schiffsfahrt auf das Bodenseeschiff MS "Graf Zeppelin", um Investoren für ihr grosses Projekt zu gewinnen, den Tunnel durch den Bodensee. Der Tunnelaushub von 2 Millionen m³ soll im See zu einer Freizeitinsel aufgeschüttet werden, auf der 2008 die 3-Länder-Bodensee- Sommerolympiade ausgetragen werden soll. Mit von der Partie sind Annettes zweiter Ehemann Toni Negroni, ihre schwierige Tochter Babette, der treu ergebene Geschäftsführer Dr. Speck und als Unruhestifter der Geist ihres verstorbenen ersten Ehemannes. Durch das Verkaufsprogramm führt der bekannte Showmaster Harry Hauser, er präsentiert Unterhaltungskünstler, Kunstgurgler, Wissenschaftler mit Bodenproben und eine Computeranimation des Tunnels, um die Gäste in Investitionslaune zu bringen. Das Grossprojekt zieht Geldschieber an, gekaufte Befürworter und Gegner des Tunnels. Jeder will für sich Vorteile herausschlagen. Während im grossen Schiffsalon die Präsentation läuft, bricht hinter den Kulissen der familieninterne Streit auf, ausgelöst durch den Geist von Annettes erstem Ehemann, der bei einem Autounfall im See ertrunken ist. Der Geist verlangt von Tochter Babette, sie solle ihn rächen, denn Negroni hätte ihm Frau, Geschäft und Leben genommen. Babette, die von ihrer Mutter Annette um das Erbe ihres Vaters gebracht wurde (Formfehler im Testament), hat schon lange auf die Gelegenheit gewartet, ihrer Mutter und dem verhassten Negroni das Geschäft zu verderben.

Computeranimation
Grosse und kleine Fische intrigieren gegeneinander beim Grossprojekt Bodensee-Tunnel: Aus dem Aushub des Tunnels (mit Unterwasserzentrum) soll eine Insel für die Bodensee-Olympiade 2008 entstehen. Diese ziemlich bizarre, grössenwahnsinnige Fiktion entwirft ein Theaterstück, dessen Zentrum eine Computeranimation ist, die das Filmteam "blueray" der Konstanzer Fachhochschule realisiert. Die Studis für Architektur und Gestaltung unter der Leitung von Prof. Constantin Boytscheff fahren alles auf, was Multimedia heute zu bieten hat: 3-dimensionales Raumerlebnis, Animation, Filmsequenzen, Realszenen aus dem Hubschrauber und digital komponierte Musik.

Der Film

Visionäre Welten – Landschaften, Gebäude und die Tunnelanlage – werden 3-dimensional modelliert und mit naturgetreuen Texturen belegt. Diese virtuellen Computermodelle werden in eine Szene mit Kameraführung und Lichtakzenten integriert. Der Film ist in seiner digitalen, multimedialen Entwicklung und Präsentation eine CGI (Computer-generated Images)- Produktion. In die bewegten Realvideoszenen aus dem Hubschrauber werden die virtuellen Objekte mittels einer speziellen Technik (Kameratracking) integriert. Das Projekt wird mit professioneller Software von Alias wavefront Exlore und Maya auf 8 SiliconGraphicsWorkstations realisiert. Für die Endproduktion des ca. 5 Minuten dauernden Films mit 7500 Bildern stehen 32 Prozessoren von SiliconGraphicsWorkstations zur Verfügung. Diese Technologie findet auch bei einigen bekannten Kinofilmen Anwendung.
Prof. C. Boytscheff, FH Konstanz

Philipp Engelmann
Geboren 1954 in Olten, Schweiz. Besuch der Schauspielschule in Bern. Er schreibt Filmdrehbücher (*"Bingo"* Regie Imboden) und Theaterstücke, die erfolgreich in Deutschland, England und der Schweiz gespielt werden (u.a. Schauspielhaus Zürich, Stadttheater Bern, St. Gallen, LTT Tübingen). Lebt mit Frau und Kind seit 1995 als freischaffender Autor in London.

Bildsequenzen aus dem Film

1

2

3

4

5

6

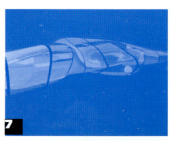
7

Grosse Fische kleine Fische

Benedikt Scherrer
Tages-Anzeiger, 4.05.1999

**Kühne Manöver auf dem See
Die Präsentation eines dramatischen Jahrhundertprojekts auf der MS "Graf Zeppelin"**

Manchmal wird es einem richtig mulmig zumute, und man macht sich Vorwürfe, während der Ausfahrt aus dem Konstanzer Hafen nicht richtig aufgepasst zu haben, als die Schiffshostessen Rettungsinstruktionen erteilt haben wie Stewardessen im Flugzeug. Ein-, zweimal schwankt der Boden des Motorschiffes nämlich bedenklich, und der Bordmotor knattert wie ein Maschinengewehr. Läge der Bodensee nicht spiegelglatt unter dem Mondlicht dieser herrlichen Mainacht, würde man sich in Seenot wähnen und es nicht glauben, dass die kühnen Dreh- und Bremsmanöver des Kapitäns einem dramatischen Zweck dienen.

Das See-Burgtheater hat sich für seine neuste Produktion "Grosse Fische – Kleine Fische" auf den Bodensee begeben, an Bord der MS "Graf Zeppelin". Dort will Annette Zierfass-Negroni (Christa Wettstein), die smarte Unternehmerin des Jahres, unter den Passagieren, die gleichzeitig Theatergäste sind, Aktionäre anwerben für ein waghalsiges ökonomisches Projekt, nämlich für den Bau eines Tunnels durch den Bodensee. In einer aufwändigen PR-Show, die sich auf einem Laufsteg auf dem Konferenzdeck abspielt, wird das Vorhaben präsentiert. Der Höhepunkt dabei: ein Werbefilm, der den künftigen Tunnel in einer Computersimulation vorstellt. Besonders chic nehmen sich darin die Fenster aus, die den virtuellen Autofahrern

Domenico Pecoraio und Heinz Keller

einen Blick in die Fischwelt des Bodensees ermöglichen, als befänden sie sich vor einem Aquarium.
Leider läuft die Präsentation nicht reibungslos ab, und zwar aus zwei Gründen. Erstens ist Babette Zierfass (Isabelle Rechtsteiner), die Tochter der Unternehmerin, eine freche Göre, die von Kopf bis Fuß auf Sinnlichkeit eingestellt ist und pubertär gegen die Mutter rebelliert. Zweitens erscheint nach der Präsentation des Werbefilms ein Geist auf der Leinwand, nämlich der Schatten eines Mannes, der sich als Babettes verstorbener Vater vorstellt. Das sind die Momente, in denen die MS "Graf Zeppelin" zittert und wackelt, als befände sie sich in einem Sturm.
Wie der Geist in Shakespeares "Hamlet" erteilt auch dieser Bodenseegeist einen Vergeltungsauftrag. Babette soll ihn rächen. Toni Negroni (Domenico Pecoraio), der aktuelle Mann ihrer Mutter habe ihn umgebracht; er sei nicht an

einem Autounfall gestorben. So nehmen die Verwicklungen und Intrigen ihren Lauf, bis zuletzt alle über den Haufen geschossen werden und sich herausstellt, dass der diabolische Dr. Rudolf Speck (Gerhard Dorfer), der Geschäftsführer im Rollstuhl, alles für ein internationales Konsortium geplant hat und ausserdem gar nicht gelähmt ist.
Philipp Engelmann hat dieses Stück geschrieben, Leopold Huber hat es inszeniert, Volker Zöbelin, der als virtuoser Pianist, auch in der Show mitwirkt, die musikalische Leitung übernommen. Die Idee für dieses Projekt ist witzig, der äußere Rahmen fast sensationell.

Leoplod Huber und Philipp
Engelmann am Szenenbaum

Fax eines Autoren
20.4.1999
Ich überlegs mir von vorne und hinten, es fällt mir aber schwer, Eure Vorschläge weiterzuentwickeln. Diese neuen Ideen sind wohl aus gewissen Probenstimmungen entstanden. Bei Szene 1.2 besteht die Gefahr, dass Monica zur Kabarettnummer verkommt. Solche Witzpassagen sind gefährlich. Biedert man sich da nicht dem Publikum an? (mit anderen Worten: Gefahr! DRS – Humor) Da frage ich mich als Autor: Wo bleibt mein Stil? Wo bleibt meine Eigenart?
Szene 10.3: In einem Kapitalismusmärchen muss man doch nicht alles bis ins Detail ausführen. Wir heissen ja schliesslich nicht Herbert Reinecker (mit seinen Derrick-Deutlichkeiten, damit auch jede Oma den inhaltlichen Bogen mitkriegt).
Lass uns doch alle Textänderungen nochmals durchgehen. Es wäre schade, wenn die "Fische" plötzlich zu lustig sind, man darf sich ruhig verschlucken.
Beste Grüsse Philipp

Faxe der Regieassistentin
7.2.1999 7.40 Uhr
Hallo Leopold, das Interview für den Vorfilm zum Bodensee-Tunnel-Projekt am Freitag mit Hr. Mühlemann war ok. Ein richtiger Showmaster! Zwischenzeitlich habe ich eine Zusage von Gräfin Sonja und Stefan Angehrn. Für den morgigen Termin mit OB Frank und Stadtammann Bieri hätte ich gerne noch gewusst ob ich dieselben Fragen wie Mühlemann stelle, oder ob`s doch schon eher – wie jetzt bei dem grünen OB Frank – sich nach der politischen Farbe richten soll? Bitte schick mir heute abend noch was rüber. Also, dann bis später, Gruss Monica.

17.2.1999 16.47 Uhr
Interviewfrage an Stefan Angehrn.
- Herr Angehrn, was würden sie den Gegnern des Tunnel-Projekts als schlagkräftiges Argument anbieten?
Und da könnte der Angehrn ja mit der Faust auf die Kamera zuschlagen und sagen: DAS!!
Was meinst Du, so oder anders? Gruss Monica

Dieter Kief
Der Bund vom 6.05.1999

Dallas mit Seeblick

Dallas auf dem Bodensee, J.R. im Rollstuhl, die Zuschauer als umworbene Aktionäre auf einer Butterfahrt mit Kurs auf ihren Investitionswillen:.
Das Publikum wird individuell in Empfang genommen und mit jenen hochgestochenen Phrasen massiert, die die Kommunikationsexperten für stimmungsvoll halten. Derweil läuft eine Führung durch das Schiff, immer mit Blick auf den Investitionswillen.
Gigantisch ist nicht gross genug. Ein Tunnel unter dem See soll gebaut werden und daneben eine fünfzehn Kilometer lange Fun-Insel mit dem Aushub vors schweizerische Ufer gekippt werden, komplettiert durch eine Abenteuer-Unterwasserwelt.
Das hört sich nicht nur phantastisch an, das sieht an Bord auch phantastisch aus. Tunnel, Unterwasserpark und See erscheinen auf Video-Wänden als computeranimierte Filmbilder. Acht Ideefixe von der Konstanzer FH, Abteilung Kommunikationsdesign, haben das Prachtstück kreiert. Es ist so perfekt und sein Gigantismus so anheimelnd, dass sich im Betrachter geradezu Sorge um den See breit macht.
An diesem Höhepunkt der Aufführung zahlte sich die radikale Vermengung von See-Realität und See-Fiktion, die dem Stück, aber eben auch dem Aufführungskonzept des Regisseurs Leopold Huber zugrunde liegt, nachdrücklich aus. Die Klamotte, die hier mit Ränkeschmieden und Sex und Geistern, mit Couplets und Travestien über weite Strecken insze-

Grosse Fische Kleine Fische

niert wird, erweist sich plötzlich als ebenso seifiger wie erschreckender Ausblick ins nächste Jahrhundert. Das Ensemble hält die Spielvorlage überwiegend schön flach und grell. Christa Wettstein gibt die ölige Unternehmerin mit Verve, Gerhard Dorfer seinen J.R. vom See wunderbar trocken, und der junge Sebastian Stoltzenburg glänzt nicht nur als Hecht (!), sondern auch als nostalgischer Tenor.

Christa Wettstein, Gerhard Dorfer, Ulrike Urban, Karin Wagner

Laufsteg der Toten

> Ex-Nationalrat Ernst Mühlemann sagte nach der Premiere: "...am Montag habt ihr einen Prozess ."
> **Aber es passierte nichts.**

18.2.1999 23.06
Hallo Leopold,
- Herr..., der Programmchef vom ...tv, kann morgen nicht mitkommen zum Interview mit Gräfin Sonja. Die Grippe hat seine geplante Marketingstrategie "flachgelegt". ...tv versucht nämlich seit 2 Jahren, auf der Mainau einen Fuss in die Tür zu kriegen, aber sie bekommen nicht mal einen Gesprächstermin.
Tja.
Gut`Nacht und liebe Grüsse an die Huberei und Kellerei
Monica.

21.2.1999 3.52 Uhr
- Habe das Unfallwagen-Dia, für DM 250.-
- Gräfin Sonja und Stefan Angehrn haben toll mitgespielt!
- Von Claudia habe ich ein 2-m-Fax wegen Kostümanproben bekommen. Letzte Nacht hat sie mich rausgeklingelt, weil sie glaubte, das Bügeleisen noch eingesteckt zu haben. Obwohl ich mir sicher war, dass mit dem Ziehen des Schlüssels kein Strom auf dem Schiff ist, bin ich hingeradelt, um zu kontrollieren.
- Und denkst Du bitte an die Fälschung deiner Parkerlaubnis für Gisela!?
Gruss Monica.

Grosse Fische kleine Fische

... auch das noch
Die nicht erscheinende Diva.
Frau S. erscheint nicht zur Leseprobe, sie sei eingeschneit und die Heizung eingefroren, entschuldigt sie sich telefonisch. Die Diva erscheint auch nicht zum Probenbeginn, sie hätte einen Wasserschaden in der Villa, entschuldigt sie sich telefonisch. Die Kostümbildnerin meint, die Diva hätte einen Dachschaden. Nach langen Telefongesprächen und mehreren Versuchen des Regisseurs, die Dame doch auf die Probe zu bringen, bricht sie einseitig den Vertrag. Schnell, denn die Proben laufen mittlerweile eine Woche, muss eine neue Diva her. Glück im Unglück: Die neue Diva macht ihre Sache grandios. Pech für die alte Diva: Ihre Agentur schmeisst sie raus. Dies als Warnung für Diven die glauben, sich in der Provinz alles erlauben zu können.

```
Sehr geehrte Frau S.
ich finde es einfach unmöglich, daß Sie
1. einen gültigen Vertrag brechen, ohne dies vorher mit der
   Agentur abgesprochen zu haben
2. Herrn Huber (See Burgfestspiele) am Telefon erzählen, er
   hätte mit mir über das Thema "Regresspflicht" in Ihrer
   Angelegenheit gesprochen, was er nicht getan hat ( erst
   heute morgen hat er das Thema erwähnt -wohl gemerkt, nach-
   dem Sie mit ihm telefoniert haben und ihm diese Unwahrheit
   gesagt haben!!)
und deshalb möchte ich Sie bitten, sich ab sofort eine neue
Agentur zu suchen, ich möchte Sie nicht mehr in meiner Agentur
haben !
Ihre Unterlagen retourniere ich Ihnen zu meiner Entlastung.
```

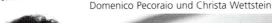
Domenico Pecoraio und Christa Wettstein

Regine Klett
Südkurier, 5.05.1999

Realer Bezug

Den einen dämmerte es sofort, die anderen hatten bis zum Schluss keine Ahnung: Zumindest der ein Teil der doppelbödigen Geschichte, die da nun (fast) jeden Abend auf schwankenden Schiffsplanken gespielt wird, hat eine sehr reale Vorlage: Grosse Fische, kleine Fische", das ist – wie das Leben eben so spielt – auch die Geschichte vom Auf- und Niedergang der Beatrice Werhahn, jenseits der Grenze besser bekannt als Erbin und langjährige Chefin der Skischuhfabrik Raichle in Kreuzlingen. Schweizweit medienpräsent als „Unternehmerin des Jahres", führte sie das renommierte Unternehmen in den Konkurs, und das nicht ohne einige nicht ganz saubere Tricks – zu eigenen Gunsten und zum Nachteil der Firma und deren Mitarbeiter.
Die Schweizer Medienlandschaft war in jener Zeit mächtig in Aufruhr. Und Autor Philipp Engelmann hat offenbar sehr genau nachgelesen. Und so gab es bei der Theaterschiff-Premiere auf der „Graf Zeppelin" auch viele betretene Gesichter, jedenfalls auf jener Seite des Laufstegs, wo die Schweizer Zuschauer platziert waren. Sie fanden diese Geschichte vom „Dallas am Bodensee" gar nicht komisch und sagten es auch, wollten möglicherweise auch nicht mehr an die schwierigen Zeiten erinnert werden, als man in Stadt und Region versuchte, die von der schwerreichen Unternehmerin hinterlassenen Scherben zu kitten und wenigstens einen Teil der Arbeitsplätze zu retten.
Da haben's doch die deutschen Zuschauer leichter. Sie können sich dem turbulenten Stück ganz unbefangen hingeben, weil sie den realen Bezug zum See nicht herstellen, und das Ganze als das nehmen, was es auf jeden Fall auch ist: Künstlerische Freiheit.

Der überschwemmte Hafen von Konstanz

Kapitän und Hafenmeister tragen den Regisseur aufs Schiff

Das Jahrhunderthochwasser

Das freie Theater muss auch mit Naturkatastrophen fertig werden. Im Mai 1999 wird der Bodensee von einem Jahrhunderthochwasser heimgesucht. Der Pegelstand von 5,84 m ist der höchste seit 1870. Sintflutartige Regenfälle haben zu dieser dramatischen Situation geführt. Die gesamte Bodenseeschiffsfahrt wird eingestellt, ebenso die Fährbetriebe und streckenweise der Zugsverkehr der See-Linie. Die Restaurants am See sind geschlossen, die Keller stehen voll Wasser, die Stromkästen sind überflutet und somit die Stromversorgung unterbrochen. Auf den Strassen im Unterseegebiet verkehren keine Autos, sondern Boote. Familien werden evakuiert, Feuerwehr, Rettungs- und Sicherheitsdienste sind Tag und Nacht im Einsatz. Die Insel Reichenau ist von der Umwelt abgeschnitten. Die Bodenseehäfen sind überschwemmt, Schiffe können nicht mehr anlegen. Der Zugang zum Hafen Konstanz ist polizeilich überwacht gesperrt, eine Barriere aus Sandsäcken und anderen Abschottungen verhindert die Überschwemmung der gesamten Innenstadt. Die grossen Schiffe stehen mit ihren Riesenbäuchen, die bei normalem Wasserstand unter den Hafenmauern verschwinden, nun auf Gehsteighöhe und drohen über die Stadt herzufallen.

Einzig das Theaterschiff verkehrt noch, erreichbar über ein Labyrinth von Notstegen. Wenn die Lage nicht so ernst wäre, könnte man diese Einstiege abenteuerlich nennen.

Die Zusammenarbeit der Schiffsbetriebe, der Schiffsmannschaft und des See-Burgtheaterensembles in dieser Notsituation gehört zu den bleibenden Erlebnissen.

Notstege im Konstanzer Hafen

Lars Prinz, Andreas Löffel,
Carlos Trafic

Astrid Keller, Andreas Löffel,
Lars Prinz, Carlos Trafic

1999
Rocky 10
von Jo Eisfeld Uraufführung

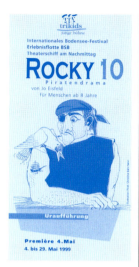

Regie
Jo Eisfeld

MS Graf Zeppelin

Eine grenzüberschreitende Koproduktion des See-Burgtheaters mit trikids junge bühne.

Das Stück
Rocky ist zehn, fast schon elf, aber er fühlt sich wie zwölf. Das Schiff ist sein Zuhause, hier lebt er mit seiner Mutter, die Angestellte bei den Schiffsbetrieben ist. Im Passagierraum macht er seine Schulaufgaben und muss der Mutter bei der Arbeit helfen. Oft träumt der etwas schwächliche Rocky davon, einst ein grosser Boxer zu werden wie sein Vater, aber der ist leider schon lange tot. Als plötzlich zwei der letzten und längst vergessenen Bodensee-Piraten seinen Weg kreuzen, kommt für Rocky die grosse Chance. Die Piraten suchen dringend Nachwuchs und machen Rocky das Angebot, eine Piratenlehre zu absolvieren. Pirat zu werden, das wäre für Rocky (der eigentlich Hans heisst und von der Mutter Hänschen gerufen wird!!) das Grösste, auf jeden Fall noch grösser als Boxchampion!!! Aber da ist ja noch Rockys Mutter, die das natürlich auf keinen Fall erlauben würde. Der Anführer der Piraten will also zuerst einmal der Mutter eine gehörige Abreibung verpassen. Dabei hat er nicht bedacht, wozu eine alleinerziehende Mutter fähig ist...

Stückauszug
Die Piraten kommen rein, hängen ein Plakat auf ("Piraten Gesuckt") und fühlen sich dabei urplötzlich von den Zuschauern beobachtet.

KF: Was gibts 'n da zu glotzen? Hast wohl `n Auge zuviel?! Bin ich 'n Fernseher oder was? Mach's Maul zu, sonst stopf ich's dir! Maulaffe, verfluchter!

ZA: Beruhig dich, Fritze! De Leut hamm schon Schiß.

KF: Von wegen Schiß! Kein Anstand hamm die. (fuchtelt mit einem Dolch) Rapp-zapp, Rübe ab!

ZA: Is gut, Fritze, is gut. Jetzt mal Sejel einholen! (wendet sich an die Fahrgäste) Is ja nich schön, so begafft zum werden... (Er wendet sich in anbiedernder Vertraulichkeit an einzelne Zuschauer) Bisschen Seeluft schnuppern, was?

KF: Ich kann euch sagen: Ein Pirat is sein eigner Herr. Der is niemand Untertan. Der steht nich auf, wenn de Wecker klingelt. Der hört nich auf zu essen, bloß weil er satt is. Der wäscht

Lars Prinz, Andreas Löffel

Jo Eisfeld
geboren 1952 in Wanne-Eickel mitten im Ruhrpott, "schräg gegenüber von Schalke". Aufgewachsen in Essen, erste Erfahrungen mit dem Schauspiel bei Jakob Jenisch, Schauspiellehrer an der Folkwang Schule und in einer Performance von Wolf Vostell.
5 Jahre Theater mit Kindern und Jugendlichen am Konservatorium Osnabrück.
Jugenddramaturg am Stadttheater Konstanz.
Seit 1987 freischaffender Theatermacher, zahlreiche Stücke, Bearbeitungen und Inszenierungen.

Ausgezeichnet mit dem Kulturpreis des Landkreises Ludwigshafen.

sich nich jedes Frühjahr. Neiiin! So 'n echter Pirat ... ein echter Pirat ... der hat keine Angst, der macht Angst.

ZA: *(bedauernd) Aber vom Nachwuchs her ... totale Flaute! Keen Nachschub in Sicht! De jung Leut heut ... (kopfschüttelnd) ... wolln kein Spaß nichmehr.*

KF: *Also, jetzt mal ganz grad und frei heraus: De Piraterei hat echt Zukunft Stramme Burschen und fixe Mädels, wir nehmen alle....*

Rocky (R) und seine Mutter (M) betreten den Spielraum vom Fahrstuhl aus. Rocky ist offensichtlich in eine Prügelei verwickelt gewesen und trägt noch deutliche Spuren davon. Die Mutter treibt ihn stumm-entschlossen vor sich her an den freien Platz, um ihn dort fast wie eine Boxtrainerin zu behandeln.

M: *Als wenn ich nicht genug zu tun hätte. Dich auch noch verarzten! Wie oft muß ich es dir noch sagen: Halt' dich raus aus dem Streiten. Aber mein Sohn ... mein ...*

R: *Bitte nicht wieder "Hänschen" (er hält sich die Ohren demonstrativ zu)*

M: *Mein Sohn Hänschen, richtig, der muß erstmal rein ins Getümmel ...*

R: *Ich bin doch nicht k.o. gegangen. - Und wenn schon ... dann "Hans"! ... Außer dir sagen eh alle Rocky zu mir.*

M: *Ich bin eben nicht alle! Du setzt dich jetzt an deine Hausaufgaben!*

.....

Andreas Löffel, Carlos Trafic

Rocky 10

Herbert Probst
Thurgauer Volksfreund, 6. 5. 1999

Boxende Piraten auf dem Bodensee

Kreuzlingen: Nachwuchsprobleme bei den Seeräubern, aber keine staatliche Anerkennung der Piratenlehre in Sicht. "Rocky 10" ist nicht die zehnte Folge vom Boxepos aus dem Kintopp, sondern eine Geschichte im klassischen Jugendbuchzuschnitt, die "trikids" auf die Planken des Theaterschiffs gebracht haben.

Alles im Lot auf dem schwimmenden Boot: wohl selten war die Stimmung auf der MS Graf Zeppelin so fröhlich. Fast zwei Hundertschaften jugendliche Theaterfans enterten das ehrwürdige Fahrgastschiff zur Premiere eines Piratenmärchens mit aktuellen Bezügen. Und dann stach die Fregatte in See – Richtung Kap der guten Hoffnung. So ungefähr die Bühnenanweisungen für die Phantasie. Doch was mögen die Spaziergänger am Ufer des Bodensees gedacht haben, als das Flaggschiff der Bodensee Schiffahrtsbetriebe vor dem Hörnle hektische Kreise auf der Stelle drehte? Eigentlich egal, denn den Kids an Bord hat es gefallen. Virtuelle Realität, die nicht nur im Kopf, sondern auch im Magen stattfindet. Es ist nicht einfach, die Aufmerksamkeit der durch Reizüberflutung verwöhnten Jugend längere Zeit zu fesseln. In Konkurrenz gegen die Piraten aus Bits und Bytes auf den Bildschirmen der Computer und Spielkonsolen braucht es schon besondere Anstrengungen. Und Stück und Regie von Jo Eisfeld ziehen alle Register, um keine Langeweile aufkommen zu lassen.

Rocky ist 10, heisst Hans oder – was noch viel schlimmer ist – Hänschen. Eine Rolle, die das sehr kritische Publikum dem jungen Schauspieler Lars Prinz in weiten Teilen durchaus abnimmt. Ohne Vater aufgewachsen, sucht er seine Bestätigung als Boxer, träumt vom Abenteuer und hasst Schule wie Hausarbeiten.

Carlos Trafic, Astrid Keller, Andreas Löffel

Carlos Trafic und Andreas Löffel spielen zwei Piraten auf Landgang, die auf der Suche nach Nachwuchs für die nächste Kaperfahrt sind.

Der heimliche Star der Inszenierung ist ganz ohne Zweifel Astrid Keller. Eine Frau und Mutter wie aus dem Bilderbuch: Streng und gerecht bei allen Problemen einer Alleinerziehenden, aber dabei zugleich mutig, edel, draufgängerisch – kurzum eine echte Heldin des ausgehenden Jahrhunderts. Wohl selten wurde die Doppelfunktion in der Erziehung, wenn einem Elternteil die sonst klassische Arbeitsteilung allein ausfüllen muss, so farbig gezeichnet.

Die besten Rollen haben eindeutig Astrid Keller und die MS Graf Zeppelin, denn sie sorgen für Bewegung.

Zambos Lied

*Am Ober- und am Untersee, ja
auf'm ganzen Bodensee
und auf de Berge hoch im Schnee
da kennt mich jedes Kind.
Ich bin der Oberchef-Pirat und irre
stark vom Blattspinat,
ich hab den Säbel stets parat
und sejle mit em Wind.
Ich bin aus hartem Holz geschnitzt,
seh' klasse aus und bin gewitzt,
hab manchen Bauch schon aufgeschlitzt,
bin nich grade ehrlich
doch ehrlich scheißgefährlich.
Vor mir da muß man zittern, vor
mir da muß man fliehn
und wer nich richtich rennen kann,
der is dann eben hin.
Ich bin de Zamboooohhhhh,
Ho, ho, ho, de wilde Zamboooohhh.*

Das Kochlied

Willst du in Piratenkreisen einmal richtig lecker speisen
Kretzer, Felchen, Waldameisen –
laß dich von mir unterweisen!
Aus verschwitzten Badehosen presse ich die feinsten Soßen,
willst du gute Sachen schmecken,
Honig oder Fußpilz schlecken,
ob ein paar verlauste Katzen, ob Insekten aus Matratzen,
alles kann ich zubereiten, hab's ja schon gelernt beizeiten.
Auf unser'm Schiff bin ich der Koch, ich hol den Fraß aus jedem Loch,
ich finde was in jedem Ritz, drum heiß ich "Kakerlaken-Fritz",
nein, nein, so heiß ich – is kein Witz, ich bin der "Kakerlaken-Fritz".

Lied von Rocky

Schaut mich an, ja schaut her,
macht die Augen richtig groß!
Ich bin nicht mehr irgendwer,
ich leg jetzt erst richtig los.
Auf dem Wasser, auf den Straßen,
wird ein jeder bald verstehn:
Mit dem Kerl ist nicht zu spaßen,
hütet euch vor "Rocky 10!"
Ich laß' mich nie mehr belügen,
für die Wahrheit tret ich ein,
allen, die mich je betrügen,
knall ich feste eine rein.
Die Familie, Vater, Mutter,
all das schmeiß ich über Bord
und mit dem Piratenkutter
segle ich noch heute fort.

Lied der Mutter

Waschen, Kochen, Kopfweh kriegen
und die Müdigkeit besiegen,
früh bis spät bin ich am Ball.
Mit dem Kiosk Kohle machen
und noch tausend andre Sachen,
hab' ich eigentlich 'nen Knall?
Ich hab' Jahr für Jahr geschuftet
und der Mann ist mir verduftet,
doch ich hab's zu was gebracht.
Ich hab' meinen Sohn erzogen,
"Papa" ist ja ausgeflogen,
hat sich nichts dabei gedacht.

Carlos Trafic, Lars Prinz, Andreas Löffel (k.o.), Astrid Keller

... auch das noch

Leider gab es keine Auseinandersetzung, weil die Theaterfachkommission nicht über das Theaterschiff befinden wollte. Zur Ehre des Thurgaus, doch noch ein kulturelles EU-Projekt hier an Land ziehen zu können, nahm sich die Kulturstiftung mit ihrem Beauftragten Marco Läuchli des Projektes an. Und das ist dann wiederum das Gute, wenn es mehrere Fördermöglichkeiten gibt, damit ein Projekt nicht auf Gedeih oder Verderb einer einzigen Stelle ausgeliefert ist.

Rocky 10

Einsatzplan für den Kapitän zu: "Rocky 10"

14.15 Uhr Umstellen Land- auf Schiffsstrom
14.30 Uhr Einlass der Zuschauer
15.00 Uhr Abfahrt Hafen Konstanz nach Kreuzlingen. Einlass der Schweizer Zuschauer
15.15 Uhr Abfahrt Hafen Kreuzlingen, in den See hinaus. Theater.
Ziel: Richtung offener See

Schiffsmanöver im Stück (Ende der Szene 4)
(Änderungen werden ggf. noch bei der 1. Fahrt festgelegt)
Sehr schnelle "chaotische" Richtungsänderungen nach Übernahme des Kommandos durch den Piratenkäptn Zambo (der keine Ahnung von der Navigation hat, "Großmaul")

Vorschläge der Reihenfolge: (Anschließend nach Belieben, es beginnt mit:)
1. Linkswendung zu Beginn des Dialoges
z. B.):
2. Rechts- Linkswendung abwechselnd – schlingern
3. Scharfes Abbremsen und ohne Anhalten um die eigene Achse wenden, rechtsherum – Rock n' roll
4. Stop und Anfahren mehrmals wie bei einem Anfänger – Katapult
5. Nach Musikbeginn ca. 15 Sekunden wieder gleichmäßige Fahrt

Circa gegen:
16.50 Uhr Anlegen Hafen Konstanz
17.05 Uhr Anlegen Hafen Konstanz

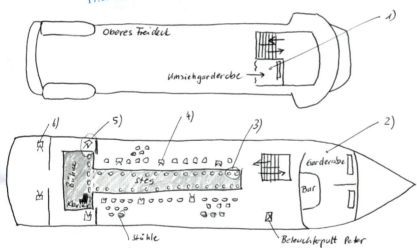

1) Licht Umziehgarderobe
2) Licht Garderobe
3) Rampenlampen im Steg
4) 6 Fluter zwischen den Stühlen
5) Seitenlichter, Oberlichter Bühne
6) 2 Fluter auf Vordeck
7) UV-Licht für den Geist.

Gruß Leopold

DER KOMMENTAR

Neidisch?

Es ist, wie es eben so ist am Bodensee: Wer hierzulande etwas Neues wagt, hat schnell die Neider gegen sich. Innerhalb vergleichsweise kurzer Zeit wurde das Projekt Theaterschiff auf die Beine gestellt. Nun, da es tatsächlich abgelegt, ist es für manche offenbar gar keine gute Idee mehr. Vor allem in Konstanzer Kulturkreisen zeigt sich wieder die Grenze in den Köpfen: Statt einer Truppe von „drüben" hätte man nun doch lieber das Konstanzer Stadttheater auf dem Schiff. Solange das See-Burgtheater dort blieb, wo es offenbar hingehört, ist man schon auch mal zum Girsberg bei Kreuzlingen gepilgert und hat dem kleinen ideenreichen Profi-Ensemble großzügig Beifall gezollt. Jetzt aber schickt sich Leopold Huber an, auf dem internationalen See Furore zu machen - und die Bodensee-Schiffsbetriebe sind auch noch stolz darauf! Was reden denn nur alle von grenzüberschreitender Zusammenarbeit, wenn man doch tatsächlich am liebsten unter sich bleibt, vor allem aber denen von der anderen Seite der Grenze den Erfolg nicht gönnt.
Der Bodensee braucht dringend Impulse und Leute, die Ideen haben und sie auch umsetzen. So kam das Theaterschiff zustande, und nun sollte man dem Projekt den verdienten Erfolg wünschen, anstatt kleinkariert zu mäkeln: Warum nicht wir! Ja, warum wohl? REGINE KLETT

Südkurier 30.4.1999

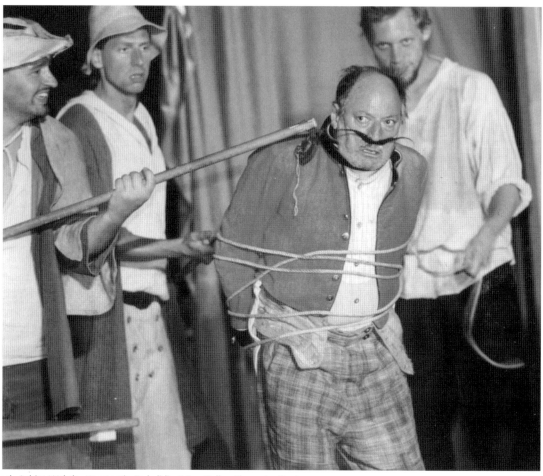
v.l. Achim Wehrle, Konstantin Tsakalidis, Inigo Gallo, Alexander Peutz

Ulrich Fausten und Oscar Sales Bingisser

1999
Bürgergeneral

von Johann Wolfgang von Goethe Schweizerische Erstaufführung

Regie und Bearbeitung
Leopold Huber

Schloss Girsberg

4218 Zuschauer sehen
21 Vorstellungen

1999 feiert die abendländische Welt Johann Wolfgang von Goethes 250-jährigen Geburtstag. Die Theater spielen "Faust" "Tasso", die bekannten Heizer eben. Das See-Burgtheater, immer etwas anders, nimmt sich den "Bürgergeneral" vor, ein gänzlich unbekanntes Stück von Goethe.

Das Stück
Die Bauern leben 'arm-selig' aber zufrieden mit ihren Tieren im Hinterwald. Den Frieden stört der vagabundierende Barbier namens Schnaps. Er hat einem toten Soldaten den Tornister mit Jakobinermütze, Nationalcocarde, Säbel, Waffenrock abgenommen.
Nun erzählt er den Bauern, die vor Neugier platzen nach den Vorgängen in der weiten Welt draussen, wie er (gelogen) die Französische Revolution angeführt habe. Als Demonstration für die eingenommenen Schlösser und Güter nimmt er das wenige Hab und Gut der Bauern, den Milchtopf, das Brot, das Schaf. Indem er den Bauern die Revolution vorexemplifiziert, beklaut er sie. Der Richter wird gerufen, ein rabenschwarzer Reaktionär, der angesichts der Jakobinermütze sofort Terroristenverfolgung und Todesstrafe fordert für das ganze Dorf.
Aber da tut sich die Schlosstür auf, geweckt  von dem Remmidemmi ist der Schlossherr aufgewacht. Er rettet nach Goethes Wunschbild von Führungsadel die Bauern vor der Strafe, und gibt ihnen seine Märchenbotschaft mit auf den Weg: *"Kinder, liebt euch, bestellt euren Acker wohl, und haltet gut Haus. Fremde Länder lasst für sich sorgen, und den politischen Himmel betrachtet allenfalls einmal Sonn- oder Feiertags."*

Der andere Goethe
Goethe hat als Leiter des Weimarer Hoftheaters aktuelle Themen zu Zeitstücken verarbeitet, wie ein Fernsehschreiber. Diese Stücke sind frei von jeder Kunstanstrengung und dem klassischen Formenzwang. Ein ganz unbekannter Goethe tritt uns in diesen Stücken direkt entgegen; "Bürgergeneral" ist eines davon. Goethe behandelt in der Art einer bösen Satire das Übergreifen der Französiche Revolution auf die deutschsprachigen Provinzen.
"Die Übertragung der französischen Verhältnisse auf enge kleindeutsche Verhältnisse musste manches Lächerliche und

Oscar Sales Bingisser, Monica Marquardt

Widerwärtige zum Vorschein bringen. Grosse Freiheitsideen können von harmlosen, beschränkten, halb- und ungebildeten Leuten nicht übernommen werden. Mir aber einigen Trost und Unterhaltung zu verschaffen, suchte ich dem Ungeheuren eine heitere Seite abzugewinnen. Als Zeugnis meines ärgerlichen Humors liess ich den Bürgergeneral auftreten."

Goethe & Politik

Der Blick auf den politischen Goethe wird uns von der Schulweisheit oft verstellt, als hätte Goethe nichts anderes zu tun gehabt, als mit Schiller die sogenannte Deutsche Klassik zu begründen. Dabei war Goethe ein eminent politischer Mensch. Theoretisch hing er einem idealistisch-romantisierenden Freiheitsideal nach, wie er es in *"Egmont"* vorführte. In der Praxis aber hielt er es mit dem konservativen Lager. Als Geheimer Legationsrat am Weimarer Hof beharrte er auf den Feudalstrukturen. Einer Volksherrschaft, einem Umsturz und ja auch der Demokratie stand er ablehnend gegenüber. In einem späten Gespräch mit Eckermann bedauert er seine Haltung:
"Und nun gar in politischen Dingen! Was ich da für Not und was ich da zu leiden gehabt, mag ich gar nicht sagen... Die Gräuel der Revolution empörten mich, während die wohltätigen Folgen damals noch nicht zu ersehen waren...Es ist wahr, ich konnte kein Freund der Revolution sein. Ebenso wenig aber war ich ein Freund herrischer Willkür. Auch war ich vollkommen überzeugt, dass irgend eine grosse Revolution nie Schuld des Volkes ist, sondern der Regierung. Revolutionen sind ganz unmöglich, sobald die Regierungen fortwährend gerecht und fortwährend wach sind, und sich mit zeitgemässen Verbesserungen nicht so lange sträuben, bis das Notwendige von unten erzwungen wird."

Johann Wolfgang von Goethe 1749-1832
Der aus einem wohlhabenden Bürgerhaus stammende Goethe genoss eine sorgsame und vielseitige Privaterziehung.
1765 ging G. zum Jurastudium nach Leipzig. Dort enstanden seine ersten literarischen Werke. *Die Laune der Verliebten, 1768, Die Mitschuldigen, 1769.* 1768 kehrt er als „Schiffbrüchiger" ins Elternhaus zurück, um sich dem Studium religiöser und mythischen Schriften zu widmen. 1770 vollendet er seine juristischen Studien in Strassburg.
Bekannt wurde Goethe 1775 mit *Urfaust, Clavigo, 1774, Stella, 1775,* vor allem aber mit dem unorthodoxen Schauspiel *Götz von Berlichingen, 1771/73.*
Über die Grenzen des deutschsprachigen Raums hinaus bekannt wurde der Briefroman *Die Leiden des jungen Werthers, 1774.* 1775 folgte das junge Dichtergenie einer Einladung des Herzogs Carl August nach Weimar. Goethe übernimmt verschiedene Hofämter und reift zum repräsentativen Künstler seiner Zeit. (Einfluss der Weimarer Hofdame Charlotte von Stein). 1786 plötzlicher Aufbruch nach Italien. Von 1788 lebt er mit seiner jungen Frau Christiane Vulpius wieder in Weimar.
1832 stirbt Goethe in Weimar.

Bürgergeneral

Fast hätte mans nicht gemerkt: Perfekt nachgemalte Fassade des Schlosses.

Da lacht das Männerherz
Heinz Bühlmann, Astrid Keller

Goethe auf Schloss Girsberg
"*Bürgergeneral*" lässt sich auf dem Girsberg ausgezeichnet realisieren, das Stück ist, wie man im Theaterjargon sagt, für diesen Spielort "wie gespuckt".
Das Schloss ist der Adelssitz, die Herrscherdomäne der Geborenen.
Und unten tummelt sich das niedere Volk, die Geworfenen.

Entstehungsgeschichte "Bürgergeneral"
Goethe war im deutsch-französischen Krieg für den Weimarer Hof als Kriegsberichterstatter unterwegs. Die Beschreibungen sind 1792 unter dem Titel "Kampagne in Frankreich" erschienen. Um nicht schmutzig zu werden, liess er sich aus dem Schlafwagen "*abends hinein- und morgen wieder heraustragen.*"
Jedenfalls fand Goethe im Feld das Felleisen (Tornister) eines toten Soldaten, dessen Inhalt wie Jakobinermütze, Nationalcocarde, Waffenrock, ihm die Idee zum *"Bürgergeneral"* eingab, den er 1793-94 schrieb. "*Ich werde den Fund zum Anlass nehmen, ein Stück zu schreiben, und das wirklich historische Felleisen mit den Sachen drinnen, soll mitspielen, zu nicht geringem Vergnügen unserer Schauspieler. Ich hoffe, es soll mich weder ästhetisch noch politisch reuen, meiner Laune nachgegeben zu haben.*"

Schauspielerbriefe
Urs Bihler (spielte in *Nora* den Helmer) schreibt am 2.2.1999:
"Lieber Leopold, hab den "*Bürgergeneral*" gelesen. Nein. Da kann ich nicht anbeissen. Diese Vorlage ist platt, dünn – da ist kein Fleisch am Knochen. Würde ich dich nicht kennen glaubte ich an einen Dramaturgenfurz. Kann schon sein, dass man dieses Nichts aufmotzen kann, mit viel Puste ein Feuerchen entfachen kann. Aber diese Figuren sind Abziehbildchen, eindimensional. Und was soll denn das die Thurgauer Kleinbürger angehen? Ich wünsche Dir Glück für dieses Unternehmen und begeisterte Mitstreiter. Ich kann leider keiner sein. Sorry. Ich hoffe auf später.
Liebe Grüsse an Dich und alle die Deinen Urs

Inigo Gallo und Heinz Bühlmann

Inigo Gallo schreibt am 9.6.1999:
Lieber Leopold Huber,
Ich habe das neue Textbuch erhalten und es auf dem Flug nach Düsseldorf und zurück lesen können. Um ehrlich zu sein, bin ich doch ein bisschen erschrocken. Sicherlich ist die Idee einer Collage von verschiedenen Goethetexten und Modernisierungen keine schlechte, aber nun habe ich doch den Eindruck, dass es äusserst "aufgemotzt" wirkt. Aus dem liebenswerten Einakter-Kammerstückchen ist jetzt ein aufwendiges Festspiel geworden. (...)
Aber ich schreibe Ihnen das alles nicht als Kritik im üblichen Sinn, sondern weil ich nun doch auch in grosser Sorge darüber bin, ob dieser riesige Aufwand (z. B. die Einblendung der Schlacht usw.) in der zur Verfügung stehenden Zeit zu schaffen ist. (Auch gibt es Szenen, wie beispielsweise die Verfolgung durch Schlosshof und Zuschauertribüne, die für mich aus physischen Gründen (Rekonvaleszenz nach der schweren Operation) nicht möglich sein werden. Aber darüber lassen Sie sicherlich mit sich reden.
Bitte machen Sie sich aber nun nicht etwa Sorgen, ich sei ein "schwieriger" Darsteller. Ich lasse gern mit mir reden und mich überzeugen. Und ich freue mich wirklich auf unsere Zusammenarbeit. Und wir sehen uns Montag, 14.6. um 10 Uhr im Zentrum Bären, Kreuzlingen.
Bis dahin herzliche Grüsse
Inigo Gallo

Heinz Bühlmann schreibt am 10.5.1999:

Lieber Herr Huber,
herzlichen Dank für Fax und Anruf.
Tönt gut Ihr Projekt, unfassbar eigentlich, eine Erstaufführung Goethes.

Alexandra M. Kedves
Neue Zürcher Zeitung, 24.7.1999

Goethe contra Goethe
Schweizer Erstaufführung des "Bürgergenerals" in Girsberg.
Das grosse und das kleine Himmelslicht samt verschwenderisch vielen Sternen steuerte ein einsichtiger unsichtbarer Theaterdirektor von oben bei, den anmutigen Prospekt dazu offerierten die derzeitigen Schlossherren von Schloss Girsberg – und diese traditionelle Kulisse des Kreuzlinger Freilichttheaters hätte heuer besser nicht passen können: Oben auf dem Balkon schlemmen die Herren, unten im Staub schuften die Bauern.
Gar so gesellschaftskritisch hatte es der Meister selbst gar nicht gemeint, damals, 1793, als er das Stückchen verfasste, das er später seinem "ärgerlich guten Humor" zuschreiben wird. Im Gegenteil: Verschreckt durch die Greuel der Französischen Revolution einerseits und seine eigenen Erfahrungen bei der Niederschlagung der ersten deutschen Republik in Mainz andererseits, ging es ihm vor allem darum, den aufrührerischen Ideen seiner Heimat jeden Boden zu entziehen. Das Lustspiel über einen schurkischen Schlaumeier in roter Freiheitsmütze, der harmlosen Bauern das Brot vom Tisch und die Münzen aus dem Beutel fabuliert, dürfe "zum Schiboleth" dienen, "töricht oder tückische Unpatrioten" in Deutschland zu entdecken.
Aber Leopold Huber, der Macher im Seeburg-Theater, der regelmässig die Regie führt, hat die patriarchalische Posse nicht einfach so stehenlassen.
Da ist die schlichte Geschichte von der Idylle auf dem Lande, die so recht ins Schlösschen ob dem Bodensee gehört: Das junge Bau-

Bürgergeneral

> **"** Die Deutschen sind übrigens wunderliche Leute! Sie machen sich durch ihre tiefen Gedanken und Ideen, die sie überall hineinlegen, das Leben schwerer als billig.
>
> So habt doch endlich mal die Courage, Euch den Eindrücken hinzugeben, Euch ergötzen, Euch rühren zu lassen. Aber denkt nur nicht immer, es wäre alles eitel, wenn es nicht irgend abstrakter Gedanke oder Idee wäre! **"**
>
> (Goethe)

ernpaar Röse (Astrid Keller) und Görge (Alexander Peutz) lebt fromm, friedlich und fleissig zusammen mit Röses Vater Märten (Heinz Bühlmann), bis der Vagabund Schnaps (Inigo Gallo) auftaucht. Der folgende Aufruhr bringt die ganze Gesellschaft vor den Richter (Ulrich Fausten), der sie am liebsten alle hängen lassen würde; erst der edelmütige Fürst (Oscar Scales Bingisser) entwirrt die Fäden und verkörpert so die Utopie, die er selbst skizziert: "In einem Lande, wo der Fürst sich vor niemand verschliesst, wo alle Stände billig gegeneinander denken; wo niemand gehindert ist, in seiner Art tätig zu sein ..., da werden keine Parteien entstehen."

Schlicht und idyllisch hat auch die Kostümbildnerin Claudia Müller den "Bürgergeneral" ausstaffiert: Die Bauern stecken in grobem Tuch; die Edelleute promenieren ihre weissgepuderten Rokoko-Perücken und ihre glänzenden Grandes Parures. Trotzdem ist für einmal alles ganz anders. Goethe – ein bemerkenswerter Bingisser – kommentiert seine Bukolik gleich selbst, Huber hat gegraben - in den Gesprächen mit Eckermann, in den Briefen, in anderen Werken, und er hat einen ambivalenten Autor gefunden, der die Willkür genauso hasste wie die blutige Wende; einen bissigen Kritiker und einen berechnenden Kriecher. Diesen Goethe lässt er in schwarzem Denkermantel durch das Gärtlein mit den zwei grasenden Schafen wandern, die vor der Bühne den Traum des Dichters auf der Bühne parodieren. Dieser Goethe verschont nichts, nicht einmal die Alpenrepublik, der sein gar nicht so geliebter Lieblingsfreund Schiller die Freiheitsstatue baute. "Frei wären die Schweizer? ... Was man den Menschen nicht alles weis machen kann, besonders wenn man so ein altes Märchen in Spiritus aufbewahrt!"

Dass in Hubers Goethe-Collage manche Fügung etwas grob daherkommt, mancher billige Kalauer, mancher anbiedernde Lokalpatriotismus hineinrutscht, tut der versteckten Charakterstudie keinen grossen Abbruch. Auch der Fürst wurde gegen den Strich gekämmt: Bingisser gibt ihn mit gelangweilt-tyrannischer Nonchalance. Inigo Gallos verführerischer "Schnaps" wiederum bekommt mehr Text und andeutungsweise sogar recht. Vom sympathischen Trottel Märten dagegen bleibt – raffinierter Bühlmann – im Grund nur der Trottel. Kein Wunder, dass sich dann selbst ein harmloser Schuhplattler auf Goethes Gedicht "Kinderverstand" wunderbar böse ausnimmt (Musik und ironisches Akkordeon: Volker Zöbelin). "Faust" hätte es nicht sein sollen - aber Leopold Huber und sein Seeburg-Theater haben aus der "sehr subalternen Produktion" (Goethe) ein wenig von dem gezaubert, was mindestens die Bühnenwelt im Innersten zusammenhält.

Monica Marquardt und Roy Schmid

Bürgergeneral

... auch das noch

Um das Budget zu kürzen, wird dem Theater die Auflage erteilt, die Ausgaben für den Mitarbeiter-Stab einzufrieren. Diese Auflage ist ziemlich praxisfremd, denn jede Aufführung verlangt nach einem entsprechenden Mitarbeiter-Stab. Es kann nur im Ermessen der Theaterleitung liegen, wie gross der Stab an Mitarbeitern sein muss, ob beispielsweise ein Stück einen Musiker, zwei Musiker oder eine Band braucht usw. Neben der Praxisfremdheit ist diese „Tiefkühl"-Auflage ein massiver Eingriff in die künstlerische Verantwortung des Theaters, das die professionelle Qualität nur liefern kann, wenn es in der Lage ist, kompetente Mitarbeiter zu engagieren.

Nach einigen Briefen und geduldigen Erklärungen siegt die Einsicht: die Auflage wird zurückgezogen, das Theater kann arbeiten.

oben die Geborenen, unten die Geworfenen

Peter Surber
TAGBLATT, 24.7.1999

Freiheit, Gleichheit, Suppentopf

Der "Tiefstand im dramatischen Schaffen des Dichters": So gnadenlos urteilt die Berliner Goethe-Ausgabe von 1964. Den DDR-Herausgebern musste Goethes Revolutions-Parodie im "Bürgergeneral" in den falschen ideologischen Hals kommen.

Künstlerisch ist das Stück auch nicht über jeden Verdacht erhaben. Die "Suppe der Freiheit und Gleichheit", die sich Schnaps einbrockt, ist nichts für das einfache Volk: Bei dieser dürftigen Moral des Originals lässt es Regisseur Leopold Huber nun aber nicht bewenden. Er holt vielmehr Goethe höchstselbst auf die Bühne, lässt ihn, begleitet von seinem Faktotum Eckermann, hineinpfuschen in sein eigenes Stück, setzt ihn der Kritik der schauspielernden Bauern und Adligen aus – und gewinnt so gleich dreierlei.

Zum einen entsteht das Stück vor unseren Augen quasi aus dem Moment und gewürzt mit literaturgeschichtlichen Pointen – etwa wenn ein Bauer Büchners "Woyzeck" zitiert statt Goethe und damit den Meister in Rage bringt.

Zum andern gewinnt Goethes politische Position an Profil und Differenziertheit. Der angebliche "Fürstenknecht" steckt im Sandwich zwischen den Ständen, ist den Reaktionären zu revolutionär und den Revolutionären zu reaktionär. Mit Texteinschüben aus der "Campagne in Frankreich", den Eckermann-Gesprächen, dem Lustspiel "Die Aufgeregten", aber auch "Faust" entsteht eine gewitzte Collage, ein Goethe-Porträt jenseits der gängigen Klischees.

Diese Collage schliesslich schafft drittens höchst theaterwirksame Spielsituationen. Als Schnaps etwa Märten die Revolution erklärt, bricht diese unversehens aus: Wir hören Schlachtgetümmel und sehen Goethe fernrohrbewaffnet als Kriegsberichterstatter, der dem rauchigen "Kriegsbilde" ungerührt ästhetischen Mehrwert in Form seines "Bürgergenerals" abgewinnt. Da kann sich General Schnaps nur noch verzagt unter den Küchentisch verziehen.

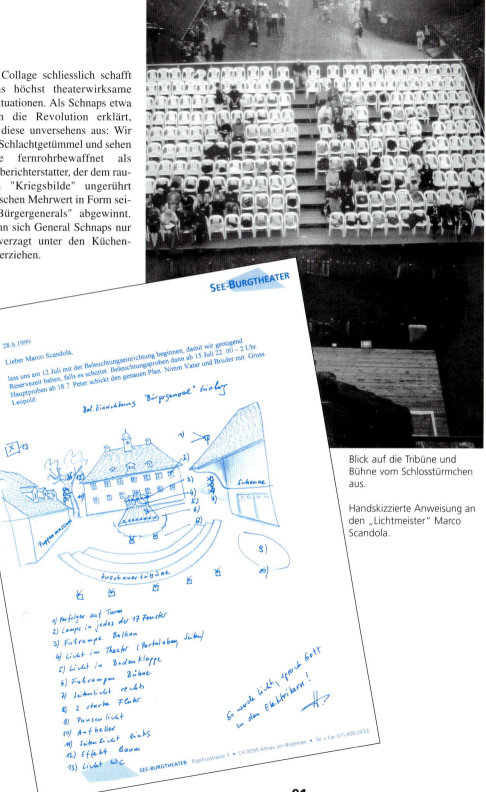

Blick auf die Tribüne und Bühne vom Schlosstürmchen aus.

Handskizzierte Anweisung an den „Lichtmeister" Marco Scandola.

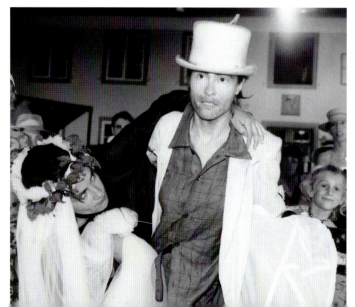

Babett Arens, Astrid Keller
in verschiedenen Szenen

2000
Der Widerspenstigen Zähmung
von William Shakespeare

Regie und Bearbeitung
Leopold Huber

Schloss Girsberg

6530 Menschen besuchen 21 Vorstellungen.
2 Vorstellungen fallen wegen Dauerregen aus, drei werden trotz Regen durchgezogen.
Platzausnützung 113 %.

25 Frauen im Alter von 5 - 75 Jahren spielen Männer und Frauen.

Das Stück
Baptista, ein reicher Kaufmann zu Padua, hat zwei heiratsfähige Töchter: die liebliche Bianca und die wilde Katharina. Er will Bianca erst dann heiraten lassen, wenn er Katharina an den Mann gebracht hat. Katharina führt sich in ihrem Streben nach Selbstbestimmung ziemlich wild auf und sie gilt deshalb als Furie.
Da taucht Petruchio auf, der sich als Macho gebärdet, und vorgibt, nur an Katharinas Mitgift interessiert zu sein. Die Widerspenstige gefällt ihm und auch Katharina findet Gefallen am herben Spiel mit Petruchio, der sie zähmen will. Der Geschlechterkampf beginnt.

Rahmenhandlung
Die Männer der Schauspieltruppe sind an der Grenze festgehalten worden. Also spielen die Frauen der Truppe auch die Männerrollen. Die Rollenklischees werden durch das Spiel entlarvt.

Spielort
Spielort ist wiederum das aus den letzten Sommertheaterjahren bewährte und beliebte Schlossgut Girsberg oberhalb von Kreuzlingen TG.

Ambiente: Italien
Das Stück spielt in Italien, in der lombardischen Stadt Padua. Shakespeare hat seinen frierenden und eingenebelten Engländern ein traumhaftes Italien vorgeführt, das mehr der Sehnsucht als der Realität entsprungen ist. Das gesamte Schlossgut wird italienisiert. Die Zuschauer sitzen unter farbigen Markisendächern um einen belebten Marktplatz. Pizza's und italienischer Wein wird gereicht, italienische Musik spielt auf.

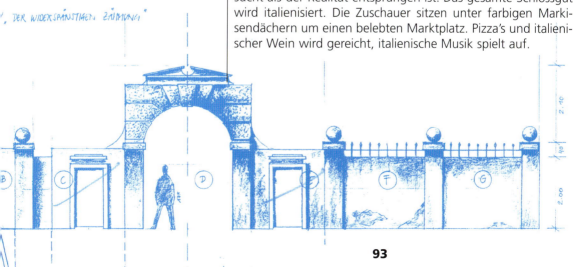

Marianne Thiel, Alexandra Sydow

Theaterkritik

Zwischen die zwei Säulen des Theaters, das Geschehen auf der Bühne und das Geschehen im Publikum, die im Idealfall ineinander verschmelzen, hat sich als dritte Kraft die Theaterkritik gedrängt. Dürrenmatt sagt, auf das Theater übertragen:
"Theater und Theaterkritik haben nur einseitig etwas miteinander zu tun – wie Sterne und Astronomie: Sterne gibt es auch ohne Astronomie, aber Astronomie nicht ohne Sterne."
Zu so einer Aussage sind wir noch zu wenig enttäuscht. Ausser zu Dokumentationszwecken des flüchtigen Momentmediums Theater dient die Kritik als Interpretationshilfe für die Zuschauer, die sich so über die Medien vergewissern können, ob sie wirklich das gesehen haben, was sie zu sehen glaubten. Dann dient die Kritik den Medien als Alibi für die Erfüllung ihres Kulturauftrags, damit sie umso hemmungsloser Werbeseiten und -zeiten verkaufen können. Dem Theater dient die Kritik im besten Fall als Werbung, dem Rezensenten im schlechtesten Fall als Schreibplatz seiner Eitelkeit und Fabulierkunst. Kritikerplätze im Theater sind auch Arbeitsplätze. Vor allem aber ist die Theaterkritik eine kulturelle Erscheinung, die sich im Laufe der Zeit entwickelt und etabliert hat wie eine Pflanzenart im Biotop, die man nicht mehr vermissen möchte.

William Shakespeare
1564 – 1616
Der Vater von Shakespeare war Landwirt, dann Lederhändler, Handschuhmacher, Holzhändler.
William, das dritte von acht Kindern, erhielt etwas Erziehung, die der Pfarrer von StraTford-on-Avon geben konnte, eine weiter Schulbildung genoss er nicht.
Mit 18 heiratete er die acht Jahre ältere Ann Hathaway.
Mit 23 verliess er seine Frau und die drei Kinder, und machte sich nach London auf.
Sieben Jahre hört man nichts mehr von ihm.
Danach weiss man, dass Shakespeare Schauspieler war, kein besonders guter soll er gewesen sein, aber er gehörte der Gruppe der Lord Chamberlain`s Men an.
1610 hörte er zu schreiben auf und zog sich ganz nach Stratford in sein Haus zurück.
Am 23. April 1616 starb er.
Er hinterlässt kein einziges Manuskript, nur fünf Unterschriften, eine im Testament, eine in einem Buch von Montaigne, drei auf juristischen Dokumenten. Sie sind alle verschieden.
Wann er seine Stücke geschrieben hat, grübelte die Literaturwissenschaft aus den verschiedenen Folio- Quarto- und Raubdrucken heraus. Es sind immerhin eine ganze Menge Stücke, darunter solche Hämmer wie: *Richard III, 1591, Romeo and Juliet, 1591, A Midsummer Night`s Dream, 1594, Hamlet, 1599, Othello, 1603, King Lear, 1605, Macbeth, 1606.*
Taming of the shrew entstand vermutlich 1592.

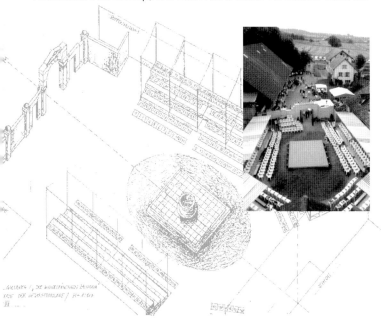

Der Widerspenstigen Zähmung

Die Kritik selbst ist eine Kulturleistung und hat als solche einen Eigenwert an und für sich. Nicht wenige Kulturinteressierte haben ihre Kenntnis einer Aufführung aus der Kritik, denn hinzugehen haben sie keine Zeit.
Was vom Theater übrig bleibt, ist die Kritik. Vom Kritiker Gottfried Keller wissen wir, wie sich Johann Nestroy 1850 auf der Bühne gebärdet hat.
Man täte schlecht daran, die Kritik als Werbung für eine Aufführung zu missbrauchen. Eine gute Kritik hilft nicht viel, aber eine schlechte Kritik schadet. Und trotzdem ist noch kein Theater auf die Idee gekommen, die KritikerInnen auszusperren.

Christoph Stillhard

Hingegen ist die Versuchung der Theater gross, sich loben und preisen zu lassen. Zu diesem Zweck hängen sie in den Foyers von den Kritiken nur die Ausrisse mit den Lobsachen auf und drängen damit die Kritiker in eine Lobistenrolle, die dann laufend neue Superlative gebären wie "herrlich, wunderbar, erlesen, brilliant" und sich in einen gloriosen Stil versteigen, der nichtssagend und unglaubwürdig wird.
Die Grosskritik in den überregionalen, tonangebenden Medien ist nicht unbedingt die bessere, sie hat nur mehr Platz sich auszubreiten. Manchmal wünschen wir uns, dass die Redaktionen mehr Sorgfalt aufwenden, sich besser informieren, zu Uraufführungen keine Lehrlinge schicken, die dann überfordert sind, während die Chefredakteure auf Reisen gehen, um aus erster Hand aus Berlin zu berichten, damit vom Glanz der berühmten Bühne auf den Rezensenten selbst etwas abfallen möge. Qualität vor ihrer Haustür interessiert sie oft nicht.

J.Markus Heer

Der Widerspenstigen Zähmung

Die schönsten Begegnungen eines Kritisierten sind, wenn er erstaunt feststellt, dass Dinge, die gedacht waren, an deren Ausdrucksmöglichkeit er aber zweifelte, gesehen und beschrieben, die unbewussten Strömungen benannt werden. Da lernen wir an den Kritiken und deshalb lesen und sammeln wir sie.

Wir machen gerne Theater, das die Menschen gerne sehen. Erfolg ist nicht die Intention unserer Theaterarbeit, sondern der Nebeneffekt, denn "*das Theater muss nicht danach beurteilt werden, wie weit es die Gewohnheiten des Publikums befriedigt, sondern danach, wie sie es verändert*" (Brecht).

... auch das noch

Dieses Mal gibt es weder technische noch produktionelle Auflagen von Seiten der Theaterkommission. Kommentarlos wird der nachgesuchte Beitrag um 25 % gekürzt. Das Theater muss Einsparungen vornehmen (die Schlossfassade wird nicht wie geplant bemalt) und geht mit erhöhtem Risiko in die Produktion.
Der Besucherandrang garantiert dann eine ausgeglichene Rechnung.
Die Gefahr von unterfinanzierten Produktionen, die dann dank des Zuschauerzuspruchs eine ausgeglichene Rechnung vorweisen können ist, dass die Fördergremien kurzsichtig zu weiteren Sparübungen verleitet werden könnten in der Meinung, "ist es gut gegangen wird es wieder gut gehen". Diese Meinung aber würde die Qualität und die Kreativität der Theaterarbeit ausdünnen und die Konkurrenzfähigkeit zu anderen Theatern, die sich ihre Ideen leisten können, herabsetzen.
Mit Ideenreichtum kann ein Theater viel bewirken, aber das Herausschälen von Qualität, von Inhalten, von Ästhetik hat seinen Preis.

Maria Schorpp
Südkurier, 29.7.2000

Die Weiber vom Girsberg

Im Hintergrund stehen sie schon bereit, die kleinen Mädchen, die Nachfolgerinnen Biancas. Derweil sich ihre erwachsenen Schwestern im Kuhmuster-Mini bei der Miss-Wahl präsentieren, fiebern sie ihrer Zeit entgegen. Dann werden sie es sein, die sich im Scheinwerferlicht räkeln und von den Männern am Bühnenrand begutachtet werden. Grad als wär` man bei einer Viehauktion.

Frauenensemble

Doch gemach. Was in diesem Sommer auf Schloss Girsberg zu sehen ist, ist alles andere als thesengeschwängertes Emanzipationstheater. Das See-Burgtheater gibt Shakespeares "Der Widerspenstigen Zähmung", und das so, dass man sich über die eigene anfängliche Skepsis fast wundert. Wie dies Stück über die willentliche weibliche Unterwerfung unter das männliche Eheregiment heute im Ernst noch spielbar ist? Leopold Huber scheint zwei Antworten zu geben: Indem man Shakespeares Komödie als Ganzes ernst nimmt und indem man ein wenig trickst.

Letzteres besteht darin, dass sämtliche Rollen als Spiel im Spiel von Frauen eingenommen werden. Das passiert im See-Burgtheater mit Witz. Doch noch viel besser steht eine Geschichte in neuem Glanz da, die als verstaubt abgehakt schien. Jetzt zeigen Frauen, wie Frauen Männer und ihre Rollen sehen. Und das kann total komisch sein, wie auf dem Girsberg temperamentvoll vorgeführt wird.

Die Bühne ist ein Viereck, das Spielfeld ist das gesamte Hofareal. Darin wird Theater gemacht, dass einem Hören und Sehen vergeht.

Wunderbar leichthin wird gespielt. Hubers Art, die Überzeichnung noch zu überzeichnen, um so zum komischen Kern der Wirklichkeit vorzudringen, geht hier bestens auf. Wie ein Desperado erscheint der Petruchio von Babett Arens auf der Bühne, angetan mit den Männlichkeits-Insignien des Italo-Westerns, mit denen er die wilde Katharina erst erschrecken, dann zähmen will. Anders die Maske des Bianca-Bewerbers Lucentio, den Marianne Thiel hinter der Fassade des sensiblen Brillenträgers mit den Attitüden des Nichtsnutzes ausstattet.

Und da ist Astrid Keller als widerspenstige Katharina und Alexandra Sydow als die liebliche Bianca. Da wird klar, es geht hier nicht nur um Sieg und Niederlage im Geschlechterkampf, auch nicht nur um die Dekonstruktion des Manns-Bildes, sondern um Rollen, denen alle auf den Leim gehen. Wie dem zu entkommen ist, zeigen Katharina und Petruchio im Kampf gleich gegen gleich.

Das vom Stück vorgegebene Spiel mit Rollenklischees durchzieht auf allen Ebenen und mit größtem Einfallsreichtum die gesamte Inszenierung. Huber, der mit Geschick den Text akzentuiert hat, hat dafür solch umwerfende Szenen gefunden wie den Domestiken-Tanz. Da ist auch das betont italienische Ambiente, der Italo-Sound der Damenband, die gute Stimmung macht, da sind die Schauspielerinnen, die immer wieder aus den Rollen fallen, weil entweder die Diva sich von der Souffleuse nichts sagen lässt, die Schwangere am Stricken ist und weil, nebenbei, die Männer-Rollen Eigendynamik entwickeln. Machthaben macht Spaß.

Und wenn dann am Ende das Pferdchen Kathi Zuckerchen bekommt, weil es sich so brav hat dressieren lassen, und wenn die Weiber vom Girsberg einfallen in die so abstrus klingende Litanei von der freiwilligen Unterwerfung, den Stinkefinger darf man sich dazu denken, dann ist das ein würdiges Ende eines rasanten und raffinierten Theaterabends: die Rollen sind geklärt, die Umverteilung kann beginnen.

Astrid Keller und Alexandra Sydow

Christine Heiss, Doris Dornetshuber, Margrit Ensinger

Der Widerspenstigen Zähmung

Auf Wiedersehen im nächsten Jahr...

es geht weiter...

Ensemble Tartuffe 2001
v.l.vorne: Nisma Cherrat, René Ander-Huber, Urs Bosshardt hinten: Silvio Caha, Katinka Heise, Domenico Pecoraio, Astrid Keller, Klaus Henner Russius, Lars Prinz Mitte hinten: Ulrich Fausten und der Chor auf der Treppe

2001
Tartuffe

von Jean Baptiste Molière

Regie und Textfassung
Leopold Huber

Schlossgarten Girsberg

Molière hat in der Form der Komödie die schwärzesten Theaterstücke der Literatur aller Zeiten geschrieben.
Bei Shakespeare wird viel mehr gemordet, scheinbar mehr Verrat geübt; aber all die Heimtücke, all diese Dolchstösse und Giftbecher schmücken sich mit Musik, mit seltsam opernhaftem Zauber, die das Böse selbst zu etwas Tröstlichem und Poetischem werden lassen. Molière hat das Tier Mensch wie ein Insekt aufgespiesst und löst mit feiner Pinzette seine Reflexe aus. Und das Insekt Mensch zeigt nur den einen, immer gleichen Reflex, der bei der geringsten Berührung aufzuckt: den des Egoismus.
Jean Anouilh

Inhalt
Im Haus des reichen Orgon hat sich Tartuffe eingenistet. Er nutzt Orgons Sehnsucht nach Sinn und Spiritualität für seine verbrecherischen Eigenzwecke aus. Orgon verfällt Tartuffe immer mehr, er gibt ihm seine Tochter und seinen gesamten Besitz. Als sich Tartuffe an dessen Frau Elmire heran macht, kann diese Orgon von Tartuffes Falschheit überzeugen. Tartuffe lässt, auf die Verschreibungspapiere gestützt, Orgons Familie aus dem Haus werfen.
So würde die Geschichte enden, wenn nicht in letzter Minute die Rettung käme.

Überlegungen zur Stückauswahl
Die Auswahl der Stücke erfolgt zuerst nach inhaltlichen Gesichtspunkten: Was hat uns ein Stück zu sagen, welche Phantasien setzt es in Bewegung.
Haben wir ein Stück gefunden, dessen Inhalte uns wichtig erscheinen, denken wir über die Realisierungsmöglichkeiten nach: Ist die Handlung des Stückes stark genug, um sich auf einer Freilichtbühne durchzusetzen. Belässt man das Stück in seiner Zeit oder übersetzt man es in die Gegenwart. Welche Bühnenanordnung im Gelände, welche Kostüme, welche Musik, welcher Spielstil bringt das Stück zum Scheinen.
Haben wir eine Idee für die Umsetzung gefunden, denken wir über die Besetzung nach und suchen Schauspieler, die eine Beziehung zu den Rollen haben und ein kreatives Ensemble bilden können.
Sind diese Fragen beantwortet, ist der Grundstein für eine interessante Aufführung gelegt.

Tartuffe

Inhaltliche Ausrichtung
An „Tartuffe" interessiert uns inhaltlich die Beschreibung einer sinnentleerten Gesellschaft, die das Materielle über alles stellt. Im Gegenzug beschert das Bedürfnis nach Spiritualität den Sekten regen Zulauf. Selbsternannte Heilsbringer und populistische Verführer nützen die Sehnsucht nach geistigen Werten für ihre Zwecke aus.

Stil
Für „Tartuffe" suchen wir einen realistischen Stil, der keinen historischen Molière auf französich vortäuscht. Als ätzende Gesellschaftsfarce spielt unser „Tartuffe" im heutigen Erfahrungsbereich.

Kostüme
Die Kostüme sind schichtspezifisch als Kostümierung der Realität den Reichen und Schönen nachgebildet, wie man sie aus der Regenbogenpresse kennt.

Bühne
Das Geschehen ereignet sich im Garten von Orgons Schloss, auf einer Treppenlandschaft, die in den Hang des Schlossgartens hineingebaut ist.

Musik
Die Jünger von Tartuffe sorgen für die Bühnenmusik. Gospels und Spirituals verdichten das Klima des Stückes und bringen es so dem heutigen Zuschauer näher.

Jean Baptiste Molière 1622-1673
war Theaterdirektor, Gatte, Betrogener, Lustigmacher, dabei war er unsäglich einsam, obwohl ständig unter Menschen, umgeben vom Hass unfähiger Literaten, frecher Höflinge, frommtuender Intriganten. Nachdem er 13 Jahre mit seiner Theatertruppe durch die Provinzen zog, wurde diese bei der Rückkehr nach Paris von Ludwig XIV. zur „Truppe des Königs" befördert. Molière führte Regie, inszenierte phantastische Hoffestspiele und spielte fast jeden Abend die Hauptrolle.
1673 starb er während der Aufführung des „Eingebildeten Kranken" – noch im Kostüm – im einundfünfzigsten Jahr.
Seine Hauptwerke: *Die Schule der Frauen, Tartuffe, Der Menschenfeind, Der Geizige, Der Bürger als Edelmann, Der eingebildete Kranke*

Moliéres PROLOG zu Tartuffe

Da es die Aufgabe der Komödie ist, die Menschen zu bessern, so habe ich die Laster und die Torheiten der Menschen durch komische Spiegelbilder angegriffen. Da besonders die Heuchelei eines der gewöhnlichsten, lästigsten und gefährlichsten von allen ist, habe ich das Lustspiel Tartuffe geschrieben, welches die Heuchler an den Pranger stellt und die einstudierten Grimassen jener bis zum Überdruss rechtschaffenen Herren, - die mit grossen Worten über Vaterland, Glauben, Lebenssinn die Leute täuschen, um ihre wahren Absichten, die selbstsüchtigen Gaunereien zu tarnen, - ordentlich blosslegt.
Die Ärzte, die Gehörnten, die Politiker, die verschiedensten Stände haben es über sich ergehen lassen, dass ich sie auf die Bühne brachte, und taten so, als ob sie sich mit allen anderen an den Darstellungen ergötzten, die ich von ihnen gab. Aber die Heuchler haben keinen Spass verstanden. Sie sind mit fürchterlicher Erbitterung gegen meine Komödie zu Felde gezogen, nicht weil ich Glauben oder Religion verspottete, nein, darum bekümmern sich diese Herren nicht, sondern weil ich sie selber verspottete und ihre Infamie.
Wenn es Aufgabe der Komödie ist, die Laster der Menschen zu bessern, so mag ich nicht einsehen, aus welchem Grunde manche davon ausgeschlossen sein sollten. Das Theater besitzt eine grosse Besserungskraft. Die schönsten Einfälle einer ernsthaften Morallehre sind zumeist weniger wirkungsvoll als die Ausfälle der Satire; und kein Tadel wirkt auf die meisten Menschen so gut wie die Schilderung ihrer Fehler. Man führt einen grossen Schlag gegen die Laster, wenn man sie vor der Welt der Lächerlichkeit preisgibt. Vorhaltungen erträgt man leicht, aber Gespött erträgt man nicht. Gemein sein, das nimmt man wohl hin, lächerlich sein auf keinen Fall.

Bitte führen Sie selbst dieses Tagebuch weiter.
Notieren Sie Ihre Meinungen und Eindrücke, kleben sie Zeitungsartikel und Fotos ein.
Machen auch sie mit, lebendiges Theater zu gestalten.

Textbearbeitung/Übersetzung

Die Textfassung des See-Burgtheaters berücksichtigt die zur Verfügung stehenden alten und neuen Ergebnisse der Moliere – Forschung.

Entscheidend ist die Frage, ob man eine gereimte Fassung oder eine in Prosa wählt. Friedrich Schiller hat Molière in Prosa übersetzt. Die Reimform verführte zum „Klappern", zu gewundenen und umständlichen Formulierungen - wo ein klarer Gedanke vorgegeben wäre- nur damit sich ein Reim ergibt. Die gewundene Sprache verlangsamte das Stück, machte es behäbig, wo im Original Tempo angesagt wäre.

Aus diesen Gründen haben wir eine Prosaversion erarbeitet, die auch mehr Realität vermittelt.

In wunderbarer Erinnerung

**Alexa Freifrau
von Koenig Warthausen**

Der 5. August 1997 ist ein trauriger Tag. Alexa Freifrau von Koenig Warthausen, Enkelin von Ferdinand Graf Zeppelin, die grosse alte Dame vom Girsberg, von allen liebevoll Tante Alexa genannt, stirbt im Alter von 86 Jahren. Zur Premiere von *„Der Besuch der alten Dame"* kam sie ironisch in gelben Schuhen, dem Kainsmahl der Güllener. Als das See-Burgtheater auf dem Girsberg 1993 einzog begrüsste sie es mit den Worten: *„Toben sie sich nur aus!"*

Wir werden Tante Alexa immer in lebhafter Erinnerung behalten.

Michael Hutzel

Bühnenbildner, Filmausstatter, Emigrant aus Österreich. Gerade erst haben wir ihn bekommen, da wird er uns schon wieder genommen, in seinem 44. Jahr. Michael ertrinkt im Frühjahr 2000 bei einem seiner Tauchgänge im Zürichsee, die er seit 20 Jahren gefahrlos absolvierte, in 40 Meter Tiefe. Er ist unser Freund. Servus Michael!

Inigo Gallo

Der 15. Dezember 2000 ist ein trauriger Tag. Inigo Gallo, schon zu Lebzeiten Schauspielerlegende, stirbt im Alter von 68 Jahren. Der Bürgergeneral war seine letzte Rolle. Seine erste Rolle war der Tell-Knabe im Schauspielhaus Zürich an der Seite von Heinrich Gretler. Was dazwischen liegt ist Theatergeschichte, sind die grossen Erfolge als Schauspieler und Regisseur mit Margrit Rainer und Ruedi Walter.

Elmar Schulte

Elmar Schulte, der bei uns in „Besuch der alten Dame" den Butler Boby spielte, stirbt 1999 im Alter von 79 Jahren. Elmar hat eine bewegte Theatergeschichte hinter sich. Er war Studioleiter bei Erwin Piscator und Schauspieler an allen grossen Bühnen des deutschsprachigen Raumes, unter anderem bei Dürrenmatt Uraufführungen, die der Autor selber inszenierte. Als Autor von Stücken und Hörspielen erhielt er den rennomierten „Kriegsblindenpreis" und den „Prix Italia".
Elmar war immer ein wilder Kerl, in allem was er tat. Ein bisschen etwas von seiner Wildheit spiegelt sein Brief, den er bezüglich des Planes schrieb, im See-Burgtheater sein neues Stück „Tell oder nichts gegen die Leute von Uri" aufzuführen.

Brief von Elmar Schulte

Besetzungsliste

1990
Biedermann und die Brandstifter
von Max Frisch

Besetzung
Herr Biedermann
H.-R. Binswanger
Frau Biedermann
Astrid Keller
Anna, das Dienstmädchen
Astrid Rashed
Schmitz, ein Ringer
Hermann Ruhr
Eisenring, ein Kellner
Peter Fischli
Ein Polizist/Ein Dr.phil.
Stefan Hoffmann
Witwe Knechtling
Angela Binswanger

Chor
Jeannine Christen
Regula Maron
Hans Häberli
Hans-Peter Haltiner

Stab
Regie
Gregor Vogel
Regieassistenz
Susanne Spring
Beleuchtung
Thomas Blank
Chorleiter und Musik
Nils Günther
Administration
Regula Maron

1991
Hin und Her
von Ödön von Horvath

Besetzung
Ferdinand Havlicek
H.-R. Binswanger
Thomas Szamek, Grenzorgan
Peter Haller
Eva, dessen Tochter
Astrid Rashed
Konstantin, Grenzorgan
Bastian Stoltzenburg
Privatpädagoge
Hermann Ruhr
Dessen Frau
Lisbeth Felder
Frau Hanusch
Astrid Keller

Stab
Regie
Gregor Vogel
Textbearbeitung
Leopold Huber
Musik/Klangkonzept
Hanspeter Dommann
Regieassistenz
Simone Sterr
Administrative Leitung
Angela Binswanger
Technische Leitung
Hans-Peter Haltiner
Beleuchtung
Thomas Blank
Requisite
Walter Hauser

1992
Die Kleinbürgerhochzeit
von Bertolt Brecht

Besetzung
Der Vater der Braut
Daniel Kasztura
Die Mutter des Bräutigams
Lilly Friedrich
Die Braut
Vera Wendelstein
Ihre Schwester
Stefanie von Mende
Der Bräutigam
Kristian Krone
Sein Freund
Urs Bosshardt
Die Frau
Astrid Keller
Ihr Mann
H.-R. Binswanger
Der junge Mann
Bastian Stoltzenburg

Stab
Regie
Gregor Vogel
Regieassistenz
Simone Sterr
Administrative Leitung
Regula Maron
Technische Leitung
Hans-Peter Haltiner
Beleuchtung
Thomas Blank
Siegfried Kieninger

Hinter den Kulisssen. Maueraufbau zur Widerspenstigen Zähmung, 2000

1993
In seinem Garten liebt Don Perlimplin Belisa
von Federico García Lorca

Besetzung
Don Perlimplin
Walter Hess
Belisa
Vera Wendelstein
Marcolfa
Lilly Friedrich
1. Koboldchen
Bastian Stoltzenburg
2. Koboldchen
Stefanie von Mende

Stab
Regie
Joseph Arnold
Regieassistenz
Simone Sterr
Abendspielleitung
Frank Strässle
Bühnenbild
Christian Zwinggi
Beleuchtung
Heinz Häberli
Kostüme
Doris Choudrai
Technische Leitung
Hans-Peter Haltiner
Administrative Leitung
Regula Maron
Produktionsleitung
H.-R. Binswanger

1994
Talisman
von Johann Nestroy

Besetzung
Titus Feuerfuchs
Pasquale Aleardi
Frau von Girsberg Gutsherrin, Witwe
Annelene Hanke
Emma ihre Tochter
Stefanie von Mende
Constanze ihre Sekretärin
Katharina Schütz
Flora Baumscheer Gärtnerin, Witwe
Astrid Keller
Holzapfel Gartenknecht
H.-R. Binswanger
Marquis/Coiffeur
Ulrich Fausten
Onkel Bauunternehmer
Urs Bosshardt
Salome Putzfrau
Kathrin Busch

Band
Dominik Rüegg
Omar Buffon
Maurizio Trové

Stab
Regie/Bearbeitung
Leopold Huber
Regieassistenz
Jordi Vilardaga
Hospitanz
Judith Lentze
Bühnenbild
Michael Oggenfuss
Abendkasse
Verena Hertzog

1995
Der Liebhaber
von Harold Pinter

Besetzung
Sarah
Astrid Keller
Richard
H.-R. Binswanger
John
Albert Bahmann
Wolfgang Ernst
Wolfgang Ernst
(Hausbesitzer)

Carlos Trafic

Stab
Regie
Carlos Tarfic
Dramaturgie
Leopold Huber
Regieassistenz
Albert Bahmann
Bühne/Technik
Silvio Lütscher
Marie-Anne Alexander
Kostüme
Doris Baldini
Beleuchtung
Marco Scandola
Abendkasse
Verena Hertzog

Besetzungsliste

1995
Leonce und Lena
von Georg Büchner

Besetzung
König Peter, vom Reiche Popo
Peter Fürer
Prinz Leonce, sein Sohn
H.-R. Binswanger
Prinzessin Lena, vom Reiche Pipi
Astrid Keller
Velerio
Ulrich Fausten
Der Hof- und Schulmeister
Carlos Trafic
Die Gouvernante
Ute Fuchs
Der Präsident des Staatsrats
Gabriele Erler
Der Hofprediger
Susanne Lüpke
Rosetta
Susanne Seuffert
1.Polizist, 1.Bedienter
Stefanie von Mende
2.Bedienter
Roy Schmid
Knabe
Silvan Huber
Valentin Huber
Chantal Beringer
Musikant
Volker Zöbelin

Stab
Regie
Leopold Huber
Regieassistenz/Abendspielleitung
Albert Bahmann
Bühne
Markus Heer
Kostüme
Claudia Müller
Beleuchtung
Marco Scandola
Abendkasse
Verena Hertzog

1996
Mirandolina
von Carlo Goldoni

Besetzung
Cavaliere di Ripafratta
Klaus Lehmann
Marques Del Guadalijo etc.etc.
Carlos Trafic
Graf Dinkel von Dünkelsbiel
Ulrich Fausten
Mirandolina, Gastwirtin
Astrid Keller
Ortensia, Komödiantin
Eva Behrmann
Dejanira, Komödiantin
Marie-Thérèse Mäder
Fabrizio, Kellner
Domenico Pecoraio
Diener des Cavaliere
Roy Schmid

Stab
Regie/Bearbeitung
Leopold Huber
Regieassistenz
Albert Bahmann
Musiker
Volker Zöbelin
Choreografie
Carlos Trafic
Kostüme
Claudia Müller
Bühne
Markus Heer
Beleuchtung
Marco Scandola
Maske
Astrid Dörnath-Balig
Abendkasse
Verena Hertzog

1997
Der Besuch der alten Dame
von Friedrich Dürrenmatt

Besetzung
Die Besucher
Claire Zachanassian, Multimillionärin
Rosalinde Renn
Ihre Gatten VII–IX
Carlos Trafic
Der Butler
Elmar Schulte
Toby
Frank Marx
Roby
Felix Breyer
Koby
Astrid Keller
Loby
Charlotte Heinimann
Joby
Esther Kim Schmoldt

Die Besuchten
Ill
Mathias Gnädinger
Seine Frau
Elisabeth Burisch
Seine Tochter
Vivianne Mösli
Sein Sohn
Roy Schmid
Herr Bürgermeister
Herbert Leiser
Frau Bürgermeister
Susanne Lüpke
Pfarrer
Peter Fürer
Lehrer
Heinz Keller
Polizist
Ulrich Fausten
Arzt
Werner Maron
Metzger
Lorenz Hugener
Erste Frau
Astrid Keller
Zweite Frau
Charlotte Heinimann

1997
**Der Besuch
der alten Dame**

Bahnhofsvorstand
Ulrich Fausten
Pfändungsbeamter
Lorenz Hugener

Stab
Regie
Leopold Huber
Regieassistenz/Abendspielleitung
Albert Bahmann
Bühne
KUBUS, J.M.Heer
Kostüme
Claudia Müller
Beleuchtung
Marco Scandola
Musik
Volker Zöbelin
Produktionsleitung
Astrid Keller
Produktionsassistenz
Karin Schelizki
Technik
Stefan Lussmann
Kaspar Widmer
Maske
Astrid Dörnath-Balig
Hospitanz
Vivianne Mösli
Abendkasse
Verena Hertzog

Hinter den Kulisssen.
Sprung von der Mauer
Widerspenstigen Zähmung, 2000

1998
**Nora
oder ein Puppenheim**
von Henrik Ibsen

Besetzung
Helmer, Rechtsanwalt
Urs Bihler
Nora, seine Frau
Astrid Keller
Doktor Rank
Helmut Vogel
Frau Linde
Christine Heiss
Krogstad, Rechtsanwalt
Daniel Kasztura
Kinderfrau
Susanne Lüpke
Kinder
Esther Borer
Anna Erdin
Maria Huber
Silvan Huber
Valentin Huber
Katharina Krebitz
Anna Wilhelm
2 Lieferanten
Hans Büchi
Hans Peter Mark

Stab
Regie/Bearbeitung
Leopold Huber
Regieassistenz/Abendspielleitung
Peter Link
Bühne
KUBUS, J. Markus Heer
Beleuchtung
Marco Scandola
Kostüme
Claudia Müller
Maske
Astrid Dörnath-Balig
Musikalische Beratung
Volker Zöbelin
Tänze
Sonny Walterspiel
Öffentlichkeitsarbeit/Gestaltung
Dorena Raggenbass Beringer
Abendkasse
Graziella Neuweiler
Kartenvorverkauf
Litera etcetera Buchhandlung
Produktion Huber & Keller

1999
**Grosse Fische
kleine Fische**
von Philipp Engelmann

Besetzung
Annette Zierfass-Negroni
Christa Wettstein
Babette Zierfass
Isabelle Rechsteiner
Toni Negroni
Domenico Pecoraio
Dr. Rudolf Speck
Gerhard Dorfer
Harry Hauser
Heinz Keller
Bernhard Zierfass
† † †
Tenor, Dr. Bärlocher
Bastian Stoltzenburg
Amanda, Hostess
Gisela Stern
Hostess, Dr. Wels
Monica Marquardt
Frau Rötlisberger
Angelika Dörr
Geldmensch
Werner Maron
3-Länder-Ballett
Jeannette Neustadt
Ulrike Urban
Karin Wagner
Peter Storch, Einmannorchester
Volker Zöbelin

Stab
Regie/Stückmitarbeit
Leopold Huber
Regieassistenz
Monica Marquardt
Produktionssistenz/Abendspielleitung
Peter Link
Bühne
KUBUS, J.Markus Heer
Bühnentechnik
Stefan Lussmann
Kaspar Widmer
Beleuchtung
Marco Scandola
Kostüme
Claudia Müller
Choreografie
Konstantin Tsakalidis

Besetzungsliste

1999
Grosse Fische kleine Fische

Musik
Volker Zöbelin
Maske
Astrid Dörnath-Balig
Computeranimation
"blueray" FH Konstanz
Architektur/Gestaltung
Prof. C. Boytscheff
Filmische Tunnelreportage
Stephan Jakel
Monica Marquardt
Öffentlichkeitsarbeit/Gestaltung
Dorena Raggenbass Beringer
Abendkasse
Achim Wehrle
Produktion
Huber & Keller

1999
Rocky 10
von Jo Eisfeld

Besetzung
Rocky
Lars Prinz
Mutter
Astrid Keller
Kakerlaken-Fritze
Andreas Löffel
Zambo Karamba
Carlos Trafic

Stab
Regie
Jo Eisfeld
Regieassistenz/Nachm. Spielleitung
Michaela Bauer
Songs & Textmitarbeit
Pradeep Chakkarath
Musik
Volker Zöbelin
Bühne
KUBUS/J. Markus Heer
Bühnentechnik
Stefan Lussmann
Kaspar Widmer
Beleuchtung/Ton
Marco Scandola
Kostüme
Claudia Müller
Requisite
Michael Frank
Produktionsassistent
Peter Link
Öffentlichkeitsarbeit/Gestaltung
Dorena Raggenbass Beringer
Nachmittagskasse
Achim Wehrle

1999
Bürgergeneral von
Johann Wolfgang von Goethe

Besetzung
Schnaps
Inigo Gallo
Märten
Heinz Bühlmann
Röse
Astrid Keller
Görge
Alexander Peutz
Edelmann/Goethe
Oscar Sales Bingisser
Richter/Eckermann
Ulrich Fausten
Gräfin Caroline
Monica Marquardt
Frau Freifrau
Angelika Dörr
Marquis
Roy Schmid
Freiherr
Werner Maron
Baron
Hans Büchi
Bauern/Soldaten
Achim Wehrle
Konstantin Tsakalidis
Musikus Flederwisch
Volker Zöbelin

Stab
Regie/Bearbeitung
Leopold Huber
Regieassistenz/Abendspielleitung
Peter Link
Musik
Volker Zöbelin
Bühne
KUBUS/J. Markus Heer
Bühnentechnik
Kaspar Widmer
Stefan Lussmann
Licht
Marco Scandola
Kostüme
Claudia Müller
Maske
Diane Rietsch
Choreografie
Konstantin Tsakalidis

1999
Bürgergeneral

Produktionsassistenz
Monica Marquardt
Öffentlichkeitsarbeit/Gestaltung
Dorena Raggenbass Beringer
Abendkasse
Achim Wehrle
Kartenreservation
Litera etcetera Buchhandlung
Administration
Mösli Treuhand AG
Produktion
Huber & Keller

Bühne Bürgergeneral, 1999
Ein Zaun um die Schafweide, eine Holzbühne für die Bauern und ein Balkon für die Grafen.

2000
Der Widerspenstigen Zähmung
von William Shakespeare

Besetzung
Baptista reicher Kaufmann in Padua
Margrit Ensinger
Katharina seine widerspenstige Tochter
Astrid Keller
Bianca seine Lieblingstochter
Alexandra Sydow
Petruchio
Babett Arens
Krumio Petruchios Knecht
Marie-Thérèse Mäder
Gremio älterer Freier Biancas
Christine Heiss
Hortensio, Freier Biancas
Doris Dornetshuber
Lucentio, Liebhaber Biancas
Marianne Thiel
Tranio, Lucentios Diener
Katinka Heise
Biondello, Lucentios 2. Diener
Monica Marquardt
Sibille aus der Schmitten
Kerstin Laudascher
Vincentio, Lucentios Vater
Sibille aus der Schmitten
Magistrat, stellt Vincentio vor
Christine Heiss
Kurt, Diener Petruchios
Sibille aus der Schmitten
Hans-Rudi, Diener Petruchios
Christine Heiss
Hans-Ulli, Diener Petruchios
Monica Marquardt
Hans-Peter, Diener Petruchios
Kerstin Laudascher
Hans-Jörg, Diener Petruchios
Angelika Dörr
Ansager
Monica Marquardt
Witwe
Sibille aus der Schmitten
Hutmacher
Angelika Dörr
Schneider
Alexandra Sydow
Pfarrer
Angelika Dörr
Drei Damen
Iris Hug
Christine Stalder
Gisela Beier
Kinder
Deborah Gross
Maria Huber
Katharina Krebitz
Lina Melzer
Letizia+Veronika Rüttimann
Band
Sängerin
Gisela Stern
Leitung, Bass
Iris Ornig
Keyboard
Nicole Gut
Schlagzeug
Florian Brütsch

Stab
Regie/Bearbeitung
Leopold Huber
Regieassistenz
Monica Marquardt-Scheurer
Bühne
Michael Hutzel
KUBUS/J. Markus Heer
Beleuchtung
Marco Scandola
Kostüme
Claudia Müller
Kostümassistenz
Lilli Wolter
Choreografie
Konstantin Tsakalidis
Abendspielleitung/Produktionsassistenz
Peter Link
Öffentlichkeitsarbeit/Gestaltung
Dorena Raggenbass Beringer
Internet-Auftritt
René Scheurer, Alidea
Abendkasse
Achim Wehrle
Kartenreservation
Litera etcetera Buchhandlung
Administration
Mösli Treuhand AG
Produktion Huber & Keller

Besetzungsliste

2001
Tartuffe
von Jean Baptiste Molière

Besetzung
Orgon ein reicher Mann
Klaus Henner Russius
Elmire seine Frau
Astrid Keller
Damis sein Sohn
Lars Prinz
Mariane seine Tochter
Katinka Heise
Frau Pernelle seine Mutter
Sibille aus der Schmitten
Cléante sein Schwager
René Ander-Huber
Valére verlobt mit Mariane
Silvio Caha
Tartuffe ein Frömmler
Domenico Pecoraio
Dorine Hausangestellte
Nisma Cherrat
Loyal ein Gerichtsvollzieher
Ulrich Fausten
Molière/Polizeikommissar
Urs Bosshardt
Chauffeur
Achim Wehrle
Polizisten
Andy Heller
Elisabeth Gremli
Hugo Pfaffhauser
Christine Stalder, Katja Natterer
Chorsolo
Gisela Stern
Chor
Gospel Joy Singers, Kreuzlingen
Karin Baumgartner
Gisela Beier
Angelika Dörr
Yolanda Eglauf
Elisabeth Gremli
Maria Greitzke
Iréne Hartman
Andy Heller
Ruth Homberger
Iris Hug
Elvira Livers
Edith Mendez
Renata Mitrovic
Katja Natterer
Hugo Pfaffhauser
Doris Schüepp
Christine Stalder

Stab
Regie, Textfassung
Leopold Huber
Regieassistenz
Achim Wehrle
Musikalische Leitung
Volker Zöbelin
Bühne
Thomas Hannibal
Bühnenbau
Schreinerei Claudio Fürst
Gartengestaltung
Thomas Germann
Licht
Marco Scandola
Kostüme
Sabine Murer
Choreografie
Sandra Lenherr
Maske
Ronald Fahm
Abendkasse
Achim Wehrle
Abendspielleitung/Produktionsassistenz
Peter Link
Öffentlichkeitsarbeit/Gestaltung
Dorena Raggenbass Beringer
Internet-Auftritt
René Scheurer, Alidea AG, Zürich
Administration
Mösli Treuhand AG
Produktion
Huber & Keller, See-Burgtheater